贵州出版集团有限公司出版专项资金资助

乡村振兴与农村产业发展丛书

蔬菜产业发展实用指南

张万萍◎主编

贵州出版集团
贵州人民出版社

图书在版编目（CIP）数据

蔬菜产业发展实用指南 / 张万萍主编. -- 贵阳：贵州人民出版社，2021.12
（乡村振兴与农村产业发展丛书）
ISBN 978-7-221-16855-9

Ⅰ. ①蔬… Ⅱ. ①张… Ⅲ. ①蔬菜产业—产业发展—贵州—指南 Ⅳ. ①F326.13-62

中国版本图书馆CIP数据核字(2021)第231045号

蔬菜产业发展实用指南
SHUCAI CHANYE FAZHAN SHIYONG ZHINAN
张万萍 主编

出 版 人	王 旭
责任编辑	唐 博
封面设计	谢安东
出版发行	贵州出版集团 贵州人民出版社
社 址	贵州省贵阳市观山湖区会展东路SOHO办公区A座
邮 编	550081
印 刷	贵州新华印务有限责任公司
规 格	890mm × 1240mm 1/32
字 数	150千字
印 张	6.25
版 次	2021年12月第1版
印 次	2021年12月第1次印刷
书 号	ISBN 978-7-221-16855-9
定 价	29.00元

《乡村振兴与农村产业发展丛书》编委会

《蔬菜产业发展实用指南》编委会

主　　编：张万萍

副 主 编：李经纬

编　　委：李　伟　闫见敏　徐秀红　裴　芸
张绍刚　王　娅　屈立武　毛飞凤

前言

党的十八大以来，以习近平同志为核心的党中央把脱贫攻坚摆在治国理政的突出位置，组织实施了人类历史上规模最大、力度最强、惠及人口最多的脱贫攻坚战，完成了消除绝对贫困的艰巨任务，创造了彪炳史册的人间奇迹。贵州作为全国脱贫攻坚主战场之一，得到了习近平总书记的亲切关心和特殊关怀。贵州各族干部群众在贵州省委、省政府的团结带领下，牢记嘱托、感恩奋进，向绝对贫困发起总攻，66 个贫困县全部摘帽，923 万贫困人口全部脱贫，减贫人数、易地扶贫搬迁人数均为全国之最，在国家脱贫攻坚成效考核中连续 5 年为“好”，在贵州大地上书写了中国减贫奇迹的精彩篇章。经过这场感天动地的脱贫攻坚大战，贵州经济社会发展实现历史性跨越，山乡面貌发生历史性巨变，农村产业取得历史性突破，群众精神风貌实现历史性转变，基层基础得到历史性巩固，实现了贵州大地的“千年之变”。

贵州是中国唯一没有平原支撑的省份，93% 的土地由丘陵和山地构成，难以开展规模化农业生产，因地制宜发展特色农业成为必然。“十三五”期间，贵州省委、省政府围绕农业供给侧结构性改革，聚力发展现代山地特色高效农业，创新性地成立了农村产业发展工作专班和专家团队，主抓茶叶、蔬菜、辣椒、食用菌、水果、中药材、生猪、牛羊、生态家禽、生态渔业、刺梨、特色林业等12个农业特色优势产业。贵州现代山地特色高效农业发展取得明显进展，12个农业特色优势产业持续壮大，其中，茶叶、辣椒、李子、刺梨、蓝莓种植（栽培）规模位列全国第一，猕猴桃、薏仁、太子参等产业规模进入全国前三；蔬菜、食用菌、火龙果等产业规模进入全国第一梯队；农民增收渠道持续拓宽，农产品精深加工快速推进，农村创新创业热火朝天。贵州大学积极响应省委、省政府号召，发挥自身专业特长，成立12个农业特色优势产业专班，为贵州12大特色优势产业提供强有力的科技支撑，为贵州取得脱贫攻坚全面胜利做出了突出贡献。

脱贫摘帽不是终点，而是新生活、新奋斗的起点。实现巩固拓展脱贫攻坚成果同乡村振兴有效衔接、推进乡村全面振兴是“十四五”期间农村工作特别是脱贫地区农村工作的重点任务。2021年2月，习近平总书记视察贵州时提出，贵州要在新时代西部大开发上闯新路，在乡村振兴上开新局，在实施数字经济战略上抢新机，在生态文明建设上出新绩。这是习近平总书记为贵州下一步发展所作的战略部署。

乡村振兴是包括产业振兴、人才振兴、文化振兴、生态振兴、组织振兴在内的全面振兴,其中产业振兴是乡村振兴的基础和关键。“十四五”时期，贵州省委、省政府坚持以高质量发展统揽全局，巩固拓展脱贫攻坚成果，全面推进乡村振兴。实施乡村振兴战略的总目标是农业农村现代化。农业现代化的关键是农业科技现代化。

我国正由农业大国向农业强国迈进，必须牢牢掌握农业科技发展的主动权，大力发展农业科技，赋能农业现代化和高质量发展。乡村产业振兴使贵州农业发展方式实现根本性转变，开启了贵州农业农村现代化的新征程。

高质量推进乡村产业振兴，重在因地制宜、突出特色、精准规划。为响应党中央和贵州省委、省政府的号召和部署，加快推进贵州农业现代化和进一步做大做强农业特色优势产业，我们编写了《乡村振兴与农村产业发展丛书》，通过对农村产业进行精准定位，具体分析各产业发展的人口、人文、气候、地理、自然资源、传统优势、政策扶持、市场等因素，发掘产业发展的独特优势，构建现代产业结构和体系，积极为贵州农业高质量发展贡献力量，为建设现代山地特色高效农业强省提供行动指南。

该套丛书具有很强的科学性、系统性、知识性和可读性，并突出其实用性和指导性。既有理论论述，又有实践经验，既有政策分析，又有路径方法，可学可用，对广大农业科技工作者，全省各级干部、大专院校师生等具有重要参考价值。

编者

2021 年 12 月

目录

CONTENTS

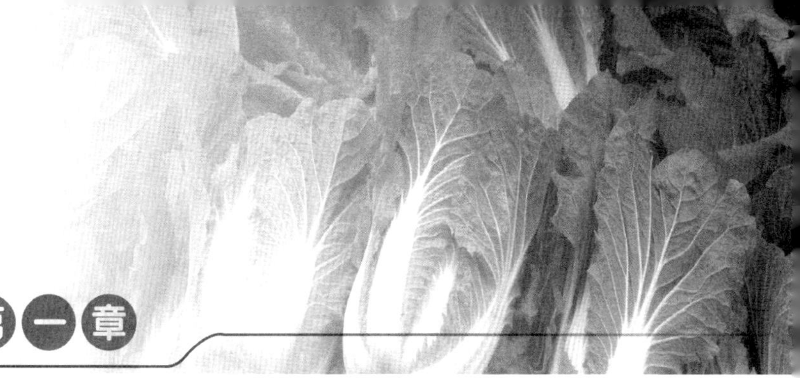

第一章 产业发展现状与前景

一、贵州蔬菜产业“十三五”发展现状

（一）产业发展成效

“十三五”以来，在省委、省政府坚强领导下，在省领导领衔推动下，各级有关部门坚持以脱贫攻坚为统揽，以市场化为导向，以产业发展为主线，坚持政府引导、市场主导、突出重点、分类指导，强化比较优势，聚焦优势单品、聚焦优势时段、聚焦优势区域，从单纯注重数量向注重数量与质量并重转变，从粗放经营向集约经营转变，从单一抓生产向抓全产业链转变，推动蔬菜产业规模化、标准化、品牌化、绿色化发展，增强市场竞争力，产业发展取得了历史性突破。

1. 产业规模迈上新台阶

按统计口径，全省蔬菜种植面积和产量分别由 2015 年的全国第 8 位和第 13 位上升到 2020 年的第 3 位和第 10 位。2020 年，全省蔬菜（不含辣椒及食用菌）种植面积 1817 万亩（1 亩 =666.67 平方米）、产量 2499 万吨。全省蔬菜累计种植面积 20 万亩以上的县（市、区）48 个，威宁县蔬菜种植面积超过 100 万亩（其中“三白”累计种植面积超过43万亩）、普定县韭黄种植面积10万亩、惠水县佛手瓜种植面积5万亩，位居全国前列。普通白菜、萝卜、甘蓝、佛手瓜、韭黄、大蒜、芹菜等单品种植面积排名全国前十。贵阳市5万亩高标准蔬菜保供基地、威宁县7万亩易地扶贫基地建成投用，平坝区5万亩高标准蔬菜园区基础设施建设基本完成。

2. 优势产品展现新特色

全省夏秋蔬菜种植面积占全年的70%以上，已成为全国南方重要的夏秋蔬菜生产大省。大白菜、萝卜、茄子、菜豆、生姜、韭黄、山药和佛手瓜等8个优势单品实现规模化发展，面积已占总规模的三分之一。种植面积20万亩以上的单品有23个，占总种植面积的84.9%；30万亩以上的有18个，占78.4%；40万亩以上的有13个，占69%；50万亩以上的有10个，占61.6%。香椿、阳荷、冰菜等野菜和香葱、芫荽、芹菜等香细菜发展方兴未艾，茭白、黄花菜和芦笋等特色蔬菜基地不断涌现。

3. 产销对接实现新突破

主攻省内、省外和军营三大市场，深入推进流通体制改革，加快冷链物流体系建设，打通了产销对接渠道，实现了省内主导、省外拓展的工作目标。全省127家国有平台公司参与流通，集中优势力量，抢占省外市场，面向京津冀、长三角、粤港澳大湾区重点城市和对口帮扶城市，建成138个省外分销档口，建成上海外延蔬菜基地6家、粤港澳大湾区“菜篮子”保供基地44家，黔南、毕节、黔西南三地建成粤港澳大湾区“菜篮子”配送中心并投入使用。在省内，推进3个“一批”、6个“二批”和100个农贸市场信息化改造，全省学校食堂采购省内蔬菜比例超过80%，建成118家军营超市专区（专柜），精选蔬菜产品纳入黔货“进军营”名录库。全省蔬菜商品率71.8%。

4. 助农增收取得新成就

2020年，全省蔬菜产值1177亿元，占全省12个特色优势产业总产值的三分之一以上，蔬菜产业带动农户最多、增收效果最明显，带动贫困人口137.6万人，占2015年全省贫困人口的22.1%。优先在“9+3”县（区）投入资金、项目、技术等要素，推动产业快速增长，带动贫困农户脱贫致富。据行业调查，“9+3”县（区）种植蔬菜398.4万亩、产量752.1万吨、产值165.5亿元，分别同比增长10.4%、17.9%、21.9%，比全省平均水平分别高3.5、7.3和1个百分点。全省蔬菜种植面积最大的威宁县，建成40万亩蔬菜基地，带动农户13.6万户56.7万人增收。

5. 质量安全步入新征程

坚持绿色安全发展理念，在全国率先提出禁用化学除草剂，绿色生产理念深入人心，试点推进以草治草、机械化残膜拾捡和尾菜无害化处理等技术，推广国家标准地膜，创建清洁菜园200余个，推广绿色优质高效种植技术和接茬模式388万亩，清源行动成效显著。以草甘膦等除草剂专项整治为重点，深入开展农资打假和违规使用禁限用农药等投入品专项整治，2020年全省农资打假立案2481件，完成专项抽检8236批次，快检立案79件，罚款37.84万元。全省蔬菜监测合格率达98.6%。

（二）2021 年谋划的重点工作

坚持以高质量发展统揽全局，立足巩固拓展脱贫攻坚成果，全面推进乡村振兴，持续聚焦优势单品、聚焦优势时段、聚焦优势区域，突出基地规模化、经营主体化、产销一体化，认真谋划贵州“十四五”蔬菜产业高质量发展目标任务和实施措施，推动育苗体系、采后处理和精深加工“三大工程”取得突破，推进产业标准化、规模化和品牌化“三化发展”，抓好设施配套、生态栽培、质量安全、产销对接、主体培育、风险防范和健全机制等“七项工作”，推进全省蔬菜产业高质量发展迈向新台阶。

1. 以一个规划为引领，谋划产业高质量发展中长期目标

认真总结“十三五”时期发展经验，全面分析我省蔬菜产业在新发展阶段面临的挑战和机遇，系统谋划“十四五”期间全省蔬菜产业的发展思路、指导思想和基本原则，科学合理确定未来五年的发展目标、重点任务和重大项目，统筹谋划产业发展、项目安排和资金投入，确保全省蔬菜产业总体战略、重大任务和重要目标得到全面贯彻落实。

2. 以三大工程为支撑，补齐产业高质量发展的产业链短板

实施育苗体系、采后处理和精深加工提升工程，率先在集约化育苗、分拣分级和大宗农产品加工上取得突破，保障种苗质量，提升市场竞争力，增加产品附加值。

（1）实施种子种苗工程。充分发挥贵阳市农业农垦投资发展集团有限公司（以下称“贵阳市农投”）的引领带动作用，打造集科研、生产、销售、科技交流、成果转化于一体的平台，保障自身

的基地使用，兼顾全省重点基地用苗需求。在每个市（州）启动1至3个年育苗2亿株以上的示范基地建设，推进贵阳市、安顺市分别打造年育苗10亿株以上的集约化育苗企业集群，年集约化育苗量达50亿株。举办全省蔬菜种业博览会，筛选推广优质、高产、高抗品种，良种良苗良法配套，推进种苗一体化发展。

（2）实施采后处理工程。依托贵州蔬菜集团有限公司、贵阳市农投等国有企业，省蔬菜产业发展协会等行业组织牵头制定分拣分级、冷藏保鲜、包装运输等重点环节的标准，着力提高商品化率。在上海外延蔬菜基地、粤港澳大湾区“菜篮子”保供基地率先实现分级包装、贴牌上市。进一步摸清100亩以上规模化生产基地采后处理设施设备配套情况，推进2021年农产品仓储保鲜冷链设施建设项目，创建100个省级采后处理示范基地。

（3）实施精深加工工程。推进传统加工工艺工业化技术改造，提升传统加工制品技术水平，强化国际化蔬菜加工制品生产技术研究，突出功能成分及其提取技术研究，大力发展精深加工制品，使蔬菜年加工能力达到180万吨左右，蔬菜加工业产值达到50亿元。

3. 以“三化发展”为目标，提升产业高质量发展的核心竞争力

深入推进产业标准化、规模化、品牌化发展，以标准化提品质、以规模化提产量、以品牌化促销售，提高生产效率、提升品牌影响力、打造现代山地特色高效产业。

（1）扩大规模化生产。建设100亩以上相对集中连片规模

化、生态化栽培示范基地150万亩，配套生态栽培技术，合理衔接茬口，强化跨科跨种轮作，坝区基地实行3年定期水旱轮作，推广“菜+稻+菜”“烟+菜”等模式，长期坚持形成耕作制度。

（2）坚持标准化经营。按照严于国家强制性标准、高于国家推荐标准、对标全国较高标准的要求，制定或修订8个优势单品和若干地方特色品种全产业链的标准体系、清洁菜园和规模化基地通用标准、质量安全团体标准。同时，加强标准体系应用示范和宣传推广工作，提升标准化水平，增强贵州蔬菜核心竞争力和话语权。

（3）聚焦品牌化方向。以“黔菜”公共品牌为核心，突出贵州蔬菜“干净·优质”核心价值，围绕威宁“三白”、惠水佛手瓜、普定韭黄等地方特色产品和安顺山药、镇宁小黄姜、龙里豌豆尖等地理标志产品实施单品品牌战略。整合宣传、渠道等资源，以“黔菜”+单品品牌方式一体推进。

4. 以“七项工作”为重点，为产业高质量发展奠定坚实基础

始终坚持问题导向，强化找差距、补短板、强弱项，为产业高质量可持续发展筑牢基础。

（1）强化基础设施建设。重点围绕100亩以上相对集中连片的规模化商品蔬菜基地，合理配套水电路信和采后处理、冷链等基础设施。借鉴江西等地经验，在罗甸县、榕江县、威宁县等地建设高效设施蔬菜试验基地，探索喜温果菜类蔬菜高效栽培模式。

（2）强化推广生态栽培。构建生态化种植模式，创建有品种、有技术、有模式、有主体、有机制的“五有”基地，建立标志性、

综合性示范基地和产业化示范园，推动生产进入生态化种植新阶段。

（3）强化质量安全监管。推广菜园化肥农药减施增效技术，合理使用有机肥，加强农业面源污染治理。以最严厉手段开展违法违规使用农业投入品的专项整治行动，蔬菜基地全面禁止使用草甘膦等化学除草剂。严格执行食用农产品合格证制度，对蔬菜产品实行“从田头到餐桌”全程质量监管。

（4）强化产销对接。培育壮大流通型龙头企业、农村经纪人队伍、农村电商三大销售主力，拓展省内市场、东中部市场、“黔货出山进军营”三大市场，确保省内市场供应充足、价格稳定，省外市场提高市场占有率，抢占中、高端市场。

（5）强化经营主体培育。引进培育具有国际化经营能力的骨干企业。鼓励国有企业和重点龙头企业从基层干部、退役军人和返乡创业大学生中选择愿意从事蔬菜产业的干部群众，送到蔬菜产业发达地区参加生产经营实训，学成后采取返租倒包、联合建设、租赁等方式培养一批“职业菜农”，壮大蔬菜生产经营主体队伍，推动适度规模化发展。

（6）强化风险防范。依靠科学技术和市场保险等各种机制作支撑，持续发挥农业气象联合预警机制作用，提前预警、超前安排、科学防范，做好应对自然灾害、市场和技术等一系列风险的准备工作。建立动态监测机制，加强对各级蔬菜产业专项资金项目支持的已脱贫摘帽县和脱贫不稳定户、边缘易致贫户的监测，提前预判可能出现的风险，采取针对性措施，坚决防止出现因产业风险导致的大规模返贫现象。

（7）健全制度机制。建立健全目标管理制度、产业调度制度、督促指导制度。在面积、产量和产值等常规指标的基础上，设立产业高质量发展指标，加强调度考核和督促指导。推动产业从单纯强调种植面积、产量增速，向综合评价质量效益转变，推动产业转型升级、提质增效，实现高质量发展。

（三）经验总结

近年来，在全省上下齐心协力、共同奋斗、坚持不懈推动下，贵州省蔬菜产业发展取得突破性进步，这些都得益于坚强的组织保障、坚定的发展信心、有力的工作措施、创新的金融财政、坚实的人才建设、坚守的安全底线等经验做法，也是贵州蔬菜产业发展史上的一篇绚丽华章。

1. 坚强的组织保障。2019 年，贵州省委、省政府提出了“来一场振兴农村经济的深刻的产业革命”，出台了《省委、省政府领导领衔推进农村产业革命工作制度》，明确由省委常委、省委政法委书记时光辉同志领衔推进蔬菜产业，组建以 18 个厅局分管负责同志为成员的省农村产业革命蔬菜产业发展领导小组，抽调精兵强将组建蔬菜产业发展工作专班。各级各部门相应成立领导小组、工作专班，负责落实领导小组工作部署，制定产业发展规划、年度计划、工作要点和具体措施，抓好重点工作推进，为推进蔬菜产业发展提供坚强的组织领导。

2. 坚定的发展信心。在省农村产业革命蔬菜产业发展领导小组的部署推动下，全省上下组织开展蔬菜产业大调研，赴广东、云南、宁夏、山东、江西等地考察学习，邀请国家级农业龙头企业来黔考察投资，全面剖析贵州蔬菜产业发展情况，结合省委、省政府关于推进农村产业革命系列决策部署的重要论述，形成贵州蔬菜产业发展的总体思路：立足于推进产业化，以市场化为导向，坚持“两确保一稳定一发展一提高”的发展思路，即确保市场供应，确保质量安全，稳定市场价格，发展蔬菜产业，提高市场竞争力。每年至少召开两次全省蔬菜产业推进工作大会，总结发展成效和典型做法，为各地各部门和蔬菜从业者坚定了产业发展信心。

3. 有力的工作措施。贵州省委、省政府和相关部门连续出台《贵州省“十三五”现代山地特色高效农业发展规划》《贵州省绿色农产品“泉涌”工程工作方案（2017—2020 年）》《贵州省蔬菜产业脱贫攻坚三年行动方案（2017—2019 年）》《贵州省农村产业革命蔬菜产业发展推进方案（2019—2021 年）》《贵州省野生蔬菜产业发展推进方案（2020—2025 年）》等政策文件，每个年度制订工作要点和责任分工方案，建立蔬菜产业实时调研、月调度、季分析、半年通报、全年考核工作机制，以务实有力的举措，扎实做好各项工作，确保完成既定目标任务。

4. 创新的金融财政。贵州创新财政金融支农方式，成立绿色产业扶贫投资基金，每年安排 1 亿元蔬菜产业发展专项资金，采取以奖代补、边建边补、贷款贴息、融资担保等多种形式撬动社会金融资本投入。2021 年，省级成立农业现代化基金，安排 45 亿元，通过市场化手段采取股权投资、直接投资等方式，围绕包括蔬菜产业在内的农业农村现代化产业发展使用。积极协调金融机构和农业担保机构，降低农业贷款融资成本和风险，为蔬菜产业项目提供担保2570笔、4.36亿元。将蔬菜保险纳入中央财政奖补试点险种，优化保费补贴资金管理和拨付机制，为10.98万户农民提供风险保障29.96亿元。

5.坚实的人才建设。贵州大力组织实施人才培养、引进、激励和服务，扎实推动农业农村人才队伍建设，切实推动了全省农业农村工作高质量发展。以贵州大学、贵州省农科院蔬菜专家为依托，组建省级8个特色优势单品专家小分队和野生蔬菜专家小分队，市、县参照组建专家技术服务团队77个、577人，为全省蔬菜产业发展提供技术服务指导培训5859次（期）、13.5万人（次），打造了一批农村实用人才实训实践基地，培育了一大批种养能手、科技带头人、农村经纪人、家庭农场主、农民专业合作组织和农业产业化龙头企业带头人。据统计，2020年底，全省农业农村人才已达130余万人（其中，从事蔬菜等特色农业产业人才数达50.5万人），人才总量比“十二五”时期增加了近10倍。

6.坚守的安全底线。突出贵州蔬菜“干净·优质”的核心价值，着力打造全省“黔菜”公共品牌。在全国率先提出禁止使用草甘膦等化学除草剂，通过持续不断的宣传发动和严厉打击，深入推进以“宁要草不要草甘膦”为代表的绿色生产方式，得到农业农村部高度肯定和蔬菜从业人员的认可。推广使用0.01毫米标准地膜和以草治草、机械化残膜拾捡、尾菜无害化处理等技术，创建“清洁菜园”行动取得积极成效。加强蔬菜质量安全监管，每年监测合格率均在99.6%以上。

二、贵州蔬菜产业发展前景

（一）优势分析

1. 政策条件利好

“十三五”以来，中央高度重视蔬菜等优势特色产业发展，2017年中央1号文件提出做大做强蔬菜产业，促进产业提档升级。根据《全国蔬菜产业发展规划（2011—2020年）》，蔬菜产业要保障市场供给，提高品质，完善流通体系，增加农民收入。省委、省政府连续出台《贵州省“十三五”现代山地特色高效农业发展规划》《贵州省绿色农产品“泉涌”工程工作方案（2017—2020年）》《贵州省蔬菜产业脱贫攻坚三年行动方案（2017—2019年）》等政策文件，把蔬菜产业作为全省农业产业脱贫攻坚的主导产业之一，提升蔬菜设施装备水平，突出蔬菜产品质量，提高质量安全水平，促进蔬菜产业稳定持续发展，带动农民增收实现精准脱贫。

2. 蔬菜优势区定位明显

我省高原山地居多，垂直差异大，立体农业特征明显，是全国夏秋蔬菜重点区域、辣椒等特色蔬菜优势区域。夏秋季，利用中、高海拔地区夏秋冷凉气候优势发展夏秋错季蔬菜，成为中、东部地区特别是夏秋季高温、干旱、台风、暴雨频繁区域的重要生态菜园；利用低海拔地区温暖的气候优势发展果菜，抢占长江流域、珠江流域喜温蔬菜集中上市间隙市场，我省作为全国蔬菜优势区和全国蔬菜基地的定位愈发明显。

3. 蔬菜市场拓展空间大

近年来，我省积极实施外向型发展战略，创新产销对接模式，加强宣传推介，我省蔬菜已得到市场认可。结合我省蔬菜在省内外市场上有淡旺季蔬菜生产互补错峰上市、名特优品种资源多、上市蔬菜品种丰富、上市季节长、品质好、生态安全和交通便捷等优势，再加上我省灌溉水源丰富、劳动力成本低、农家肥体量大，蔬菜生产投入较小，与珠江流域、长江流域、港澳和东南亚等区域相比，生产成本相对较低，通过加强蔬菜全产业链建设，提升产品竞争力，我省蔬菜的国内外市场前景广阔。

4. 蔬菜品质提升潜力大

生态环境决定产品品质，我省兼具低纬度、高海拔，生态环境优良，2017 年全省森林覆盖率达 55.3%，工业污染少，是无公害、绿色、有机蔬菜生产的理想场所。当前，我省大力推行标准化生产、生态化栽培，制定蔬菜生产技术标准，加快“三品一标”产品认证工作步伐，积极推进我省蔬菜产业绿色化、品质化、高质量发展。

5. 生态立体气候独特

我省森林植被丰富多样，高山、峡谷纵横，地势高差悬殊，区域差异较大，立体气候特征明显，具有生态环境优良、工业污染少等特点，形成独特的冬春“温室”和夏秋“空调”地域，为各种季节性露地蔬菜生产创造了天然条件。我省目前已形成上市蔬菜品种丰富、淡旺季蔬菜生产互补的优势，有利于蔬菜周年生产均衡供应，调补全国蔬菜淡季市场。

6. 蔬菜种质资源丰富

我省是全国生物物种资源最为丰富的地区之一，境内生态环境优良，生态系统多样，对病虫害的反馈抑制机制完善，形成了优质、独特、丰富的生姜、大蒜、黄花、百合、竹笋等地方名优特产蔬菜品种，甜蕨菜、薇菜、蕺菜、荠菜、土人参、紫背天葵等野生蔬菜种类超过 40 种。

7. 生产成本相对较低

我省的灌溉水资源丰富，劳动力成本较低，总的蔬菜生产资金投入较少。另外，除部分简单设施外，我省大部分蔬菜在生产时均可进行露地栽种。同时，在一定的时期内，全省蔬菜的种植优势仍相对较大。

（二）面临挑战

一是优势产区地位不突出。我省兼具“天然温室”和“天然凉棚”的独特气候优势，全国 6 个优势主产区中我省入围 2 个。2019 年，我省蔬菜种植面积虽居全国第 4 位，但亩产量却排第 31 位，亩均产值排第 23 位，蔬菜产业综合效益低，优势产区影响力小。

二是种子种苗产业起步晚。我省蔬菜种子种苗产业建设晚，投入不足，缺乏有实力的种子种苗企业，农户以及年育苗规模 30 万株以下的小基地分散，零星育苗占育苗总量的 83.5%，集约化育苗程度低，种子种苗质量难以保证。

三是生产基础条件亟待改善。我省耕地破碎，100 亩以上相对集中连片的基地 2554 块，面积仅有 127.6 万亩。耕地质量差、中低产田土比重较大。灌溉性水源工程缺乏，有效灌溉面积仅占全省耕地面积 30% 左右。高标准农田比例小，机械化水平低，绿色防控、水肥一体化、采后处理加工、产地市场和冷链物流等现代化设施装备条件差。

四是人才和科技支撑不足。2019年，我省农业科技进步贡献率为50.38%，蔬菜新品种选育、品质研究、绿色防控、加工和生物修复等先进生产技术创新和成果转化不够；农业科技人才队伍缺乏领军人才，基层农技推广人员知识储备不足，农民科技素质总体偏低。

五是卖菜难风险依然存在。我省蔬菜进入了快速发展阶段，但是大量消费者和经销商选择余地很大，虽然贵州蔬菜集团可以缓解部分销售压力，但如果没有通畅高效的现代蔬菜产业体系，调控全省蔬菜产销，卖菜难的风险依然存在。

六是潜在生态风险增加。蔬菜连作障碍导致生物多样性丢失；蔬菜有机肥投入偏低，有些区域有机质含量不足1%；化肥的增加力度高于全国平均水平；尾菜综合利用缺乏有效手段；废膜治理尚未引起广泛关注；重金属和农药等农业环境污染治理尚需加大力度。

七是蔬菜产品附加值低。鲜销依然是我省蔬菜主要方式，加工滞后，加工产品单一，加工企业散小弱，技术含量低、档次低、标准化和品牌化水平低，蔬菜溢价不高，农民增收、企业增效、政府增税的空间有限。当前，我省蔬菜加工产值不到50亿元，与周边省市相比差距较大。

三、贵州蔬菜产业发展相关政策

贵州省先后印发了《贵州省农村产业革命蔬菜产业发展推进方

案（2019—2021 年）》《贵州省野生蔬菜产业发展推进方案（2020—2025 年）》等文件，为推进全省蔬菜产业发展提供了有力支撑。

（一）《贵州省农村产业革命蔬菜产业发展推进方案（2019—2021 年）》

为认真贯彻落实省委、省政府深入推进农村产业革命的决策部署，充分发挥蔬菜（不含辣椒）产业优势，推进绿色发展，实现提质增效，促进产业转型升级，助力全省农业高质量发展，助推脱贫攻坚和农民持续增收，特制定本方案。

1. 总体要求

（1）基本思路。坚持脱贫攻坚统揽，落实农村产业革命“八要素”，践行“五步工作法”，以市场化为导向，以蔬菜产业发展为主线，坚持政府引导、市场主体、突出重点、分类指导，强化比较优势，聚焦优势单品、聚焦优势时段、聚焦优势区域，从单纯注重数量向注重数量与质量并重转变，从粗放经营向集约经营转变，从单一抓生产向抓全产业链转变，提升规模质量，推动蔬菜产业规模化、标准化、品牌化、绿色化发展，增强市场竞争力，确保市场供应、确保质量安全、稳定市场价格，促进农民持续增收致富，助力乡村振兴。

（2）发展目标。到 2021 年，全省蔬菜种植面积稳定在 1500 万亩以上，产量稳定在 3000 万吨，综合产值 820 亿元。建成规模化、标准化蔬菜基地 300 万亩，健全产业链，打造省级公共品牌和特色个性品牌。做大优势特色单品规模，做优品质品相、做强经营主体实力。大白菜、萝卜、菜豆、茄子等大宗优势单品和韭黄、生姜、山药等区域优势产品在保供和拓外两个市场上发挥重要作用。建成中国南方重要的夏秋蔬菜基地，黔菜成为全国一流的安全、健康、干净、放心菜。基本建成保供拓外的蔬菜产销体系，进一步巩固提升在珠三角和周边省区市场占有率，在长三角市场开拓取得突破。

2. 重点任务

（1）大力发展夏秋蔬菜。重点针对夏秋气温相对较高、受台风影响较大的华南、华中、华东地区，充分利用我省乌蒙山区、大娄山区和苗岭山区中高海拔区域夏秋“天然空调”气候优势，因地制宜发展大白菜、萝卜、菜豆、茄子等优势蔬菜，2021 年 6 至 11 月蔬菜采收面积调增到 1000 万亩，销售量达到全年的 70% 以上。〔牵头单位：省农业农村厅；责任单位：省科学技术厅、省商务厅、省农业科学院、贵州大学，各市（州）党委、政府〕

（2）突出发展优势单品。精准聚焦、重点突破，推动品种结构调整。在大宗产品上重点突破大白菜、萝卜、菜豆、茄子，在特色优势产品上重点突破韭黄、生姜、山药等优势单品，7 个单品种植面积调增到 600 万亩以上，产量达到蔬菜总产量的 80% 以上。〔牵头单位：省农业农村厅；责任单位：省科学技术厅、省商务厅、省农业科学院、贵州大学，各市（州）党委、政府〕

（3）加强规模化、标准化基地建设。以 500 亩以上坝区为重点，建设 300 万亩规模化、标准化、绿色化生产基地。加强机耕道、生产便道、排灌沟渠等基础建设，配套集约化育苗、节水灌溉、绿色防控、山地农机、预冷库、采后处理和避雨栽培等设施设备。〔牵头单位：省农业农村厅；责任单位：省发展和改革委员会、省

自然资源厅，各市（州）党委、政府〕

（4）开展“清源”行动。在主产区基地禁止销售限用农药，在蔬菜基地全面禁止化学除草剂和限用农药；推行统防统治，大规模实施生物防控与理化诱控，优势单品绿色防控全覆盖；大力推行休耕、轮间套作；推广使用可降解地膜和生物发酵降解池，循环利用蔬菜生产副产物；全面开展清洁、回收、处置废弃农地膜、农药包装等生产废弃物。推进绿色高效发展模式示范，构建绿色生产体系。建立完善产品检验检测体系，实现质量安全监管全覆盖。以企业和合作社为主体，创建清洁菜园 100 个。〔牵头单位：省农业农村厅；责任单位：省市场监督管理局，各市（州）党委、政府〕

（5）开展蔬菜商品化提升行动。在相对连片规模种植基地，以企业和合作社为主体，制定应用采收和分等分级标准，大力扶持建设清洗、整理、分级、包装、预冷设施，配套冷链物流，全面推广应用采后处理技术，推行贴牌上市，推进净菜进城。重点创建 100 个采后处理设施配套生产示范基地。〔牵头单位：省农业农村厅；责任单位：省商务厅、省发展和改革委员会、省市场监督管理局，各市（州）党委、政府〕

（6）强化经营主体引进培育。加强本地企业培育，积极招商引资，面向全国引进蔬菜生产、加工、销售和服务企业 100 家，培育省级以上龙头企业 100 家。扶持新增一批蔬菜合作社，创建省级以上合作示范社 100 家。大力推广“企业 + 合作社 + 农户”模式，完善利益联结机制，促进专业合作社和农户蔬菜规模化、标准化生产，带动贫困农户参与产业发展，共享产业发展红利，推动一批蔬菜基地村实行“三变”改革试点。〔牵头单位：省农业农村厅；责任单位：省投资促进局、省工业和信息化厅、省商务厅，各市（州）党委、政府〕

（7）加强流通体系建设。组建贵州蔬菜集团，整合“产加销”优势资源，细分目标市场，打造外销拳头产品，探索产销一体化机制，促进蔬菜规模化外销。引导和推动各市（州）在长三角、珠三角等主要目标市场建立销售专区、窗口，充分利用东西部对口扶贫协作相关机制、政策、资源，在对口帮扶城市批发市场搭建销售渠道，大力宣传推广贵州安全、健康、干净、放心菜，提升贵州蔬菜品牌影响力。重点推动“黔菜入沪”工程。将贵阳农产品物流园蔬菜专区打造成省级主中心批发市场，加大产区集散市场建设力度，大力培育蔬菜经纪人队伍，努力拓展贵州蔬菜外销渠道，加速贵州蔬菜与省外大市场的对接。支持地利、双龙农产品物流园等市场搭建“产业扶贫蔬菜销售专区”，落实优惠政策，搭建贫困地区蔬菜销售平台。〔牵头单位：省商务厅；责任单位：省财政厅、省发展和改革委员会、省投资促进局、省市场监督管理局、省农业农村厅、省人力资源和社会保障厅、省工业和信息化厅、省供销合作总社，各市（州）党委、政府〕

（8）建立健全保供制度。各市（州）根据区域人口和生产条件，建立区域保供生产基地，保供和外销兼顾，自产与调入结合，以自产为主，实现区域内保质、保价和稳定供应。区域内各级公共采购平台要提升采购本区域基地产品的比重，在确保有效供应的同时，促进区域生产发展和产销有效对接。创新产销对接机制，推进

"农校""农超""农批"等对接，鼓励和引导大型超市、农贸市场等销售主体搭建本地蔬菜直销平台，组织蔬菜进机关、社区、企业；鼓励有条件的地方积极开展中央厨房建设，构建原料、生产、物流、营运服务配套完整的产业链；鼓励电子商务平台与蔬菜生产、加工、销售经营主体合作，共同拓宽线上销售渠道。〔牵头单位：各市（州）党委、政府；责任单位：省商务厅、省农业农村厅、省教育厅、省卫生健康委员会、省市场监督管理局、省发展和改革委员会、省供销合作总社〕

（9）强化科技创新服务能力。出台优惠政策，围绕产业发展，引进急需紧缺人才，加强蔬菜科研和推广体系建设，围绕优势单品引进紧缺人才，充实科研力量，加强学科建设，培养蔬菜专业人才。依托科研院所和专家团队，依托优强企业，加大新品种的引进筛选和地方品种资源挖掘开发力度，加快优质、高产、多抗品种的示范推广，优势单品良种覆盖率100%；开展集约化育苗、绿色防控、栽培技术集成配套、采后处理和分等分级、多层次加工以及保鲜贮运等关键技术研究。各市（州）和种植面积20万亩以上的重点县要建立健全蔬菜专业机构，确保重点县至少有5名蔬菜专业技术人员，主产乡镇至少配备1名蔬菜专业技术人员。〔牵头单位：省科学技术厅；责任单位：省人力资源和社会保障厅、省卫生健康委员会、省市场监督管理局、省农业农村厅、省农业科学院、贵州大学，各市（州）党委、政府〕

（10）强化实用技术培训。组织省级专家团队编写简单明了的优势单品实用技术手册和培训课件，通过专家小分队深入田间地头指导培训、电视培训、网络培训、农民田间学校等方式，逐级开展农技人员和农户地毯式培训，每年培训市、县技术骨干1000人次，培训经营主体和农户50万人次。〔牵头单位：省人力资源和社会保障厅；责任单位：省农业农村厅，各市（州）党委、政府〕

（11）全力抓好品牌创建。以提升产品质量和产业形象为核心，实施品牌战略，打造全省蔬菜公共品牌。支持各市（州）培育区域性公共品牌，鼓励企业创建自有品牌。新增“绿色食品”“有机食品”地理标志农产品等产品质量认证100个，大力进行品牌营销和推广，在国家级传媒平台以及高速公路、高铁、机场等开展宣传推介，组织、支持企业积极参加省内外农产品展示交易活动，提升黔菜品牌的美誉度。〔牵头单位：省市场监督管理局；责任单位：省农业农村厅、省商务厅，各市（州）党委、政府〕

（12）健全蔬菜监测调度制度。根据农村产业革命需要，结合蔬菜产销实际，构建包括生产、加工、销售各环节的蔬菜监测调度制度。建设包括本省蔬菜上市数据、销省外数据和省外调入数据在内的蔬菜生产流通大数据平台，建立流通数据采集分析制度。〔牵头单位：省统计局；责任单位：省农业农村厅、省商务厅、省工业和信息化厅、省市场监督管理局，各市（州）党委、政府〕

（13）支持安顺市高标准蔬菜示范区建设。落实省委、省政府工作部署，建立安顺市高标准蔬菜示范基地，为全省提供可学习、可借鉴、可复制的蔬菜产业发展先进经验。坚持地方政府为主，各部门将高标准蔬菜示范区建设纳入政策重点扶持范围，加大建设力度，确保2021年底，建成10万亩高标准蔬菜示范区基地。（牵头

单位：安顺市委、市政府；责任单位：省财政厅、省发展和改革委员会、省农业农村厅）

3. 保障措施

（1）加强组织领导。成立省、市、县三级农村产业革命蔬菜产业发展领导小组和工作专班，市、县两级参照省级组织架构，成立对应机构。加强组织领导、强化工作统筹协调，细化工作方案和措施，建立目标责任制，明确责任主体。各级领导小组及时研究协调解决产业发展突出问题，加大工作推动力度，确保各项目标任务落小落细落实。〔责任单位：省领导小组成员单位，各市（州）党委、政府〕

（2）加强政策保障。对直接用于蔬菜全产业链发展的配套设施用地按相关规定配套用地指标。建立农业产业优先发展服务制度，保障基地水电供应，蔬菜配套设施用电按农业生产用电价格执行，生产、加工、物流享受地方最低优惠价政策。对在 500 亩以上坝区发展蔬菜产业的经营主体，落实好产值奖补、基础设施建设奖补、政策性保险和其他坝区支持政策。〔责任单位：省领导小组成员单位，各市（州）党委、政府〕

（3）强化资金支持。各级财政支农项目资金采取以奖代补、边建边补、贷款贴息、融资担保等多种形式撬动社会金融资本投入蔬菜产业发展。各地要充分用好贵州绿色产业扶贫投资基金，加强项目库建设，编制可行性报告和实施方案；对投资项目开辟绿色通道、简化手续、服务前移、全跟踪服务，对符合政策条件的蔬菜项目优先受理、优先审批、优先放贷，确保项目快速落地。完善农业担保体系，切实发挥好各地农业平台投资公司作用，解决好融资难、融资贵的问题。推动保险扩面、增品、提标，重点开展自然灾害、目标价格等保险。〔牵头单位：省财政厅；责任单位：省地方金融监督管理局、省银保监局，各市（州）党委、政府〕

（4）强化督查考核。各地要细化分解目标任务，层层签订目标责任书，将目标任务完成情况纳入各级政府农村产业革命工作考核范畴，对工作不力的进行问责，对工作推动力度大、成效好的，在安排省级资金时予以重点倾斜。建立蔬菜产业月调度、季分析、年考核制度，各级管理部门强化动态督导管理，及时掌握蔬菜产业发展情况。〔牵头单位：农业农村厅；责任单位：省领导小组成员单位，各市（州）党委、政府〕

（二）《贵州省野生蔬菜产业发展推进方案（2020—2025年）》

为充分利用我省区域生态气候和野生蔬菜资源，突出特色，细分市场，探索适度规模化发展模式，推进野生蔬菜产业发展，增加贵州蔬菜产业发展的新路径新内容，结合实际，制定本方案。

1. 总体要求

（1）发展思路。坚持市场导向，结合资源禀赋、生产方式、饮食文化，推进适度规模化发展；坚持政府引导、企业带动，突出重点种类，构建标准体系，打造示范基地，推进标准化发展；坚持绿色发展，建立安全评价机制，普及安全消费，培育消费群体，打造重点品牌，努力拓展市场，推进品牌化发展；坚持问题导向，围绕产业链关键点，开展系统研究，重点解决制约产业发展的突出问题，推进可持续发展。

（2）发展目标

——总体目标

到2025年，全省建成30万亩野生蔬菜基地，年产量25万吨，产值30亿元。重点抓好香椿、阳荷、荠菜、藜蒿、养心菜、冰菜、水芹菜等市场基础相对较好的种类和具有贵州区域特色、民族特色的优质珍稀种类，建立十大重点示范基地，培育壮大重点企业，探索营销方法，健全销售体系，打造特色野生蔬菜品牌，建成全国野生蔬菜生产大省。

——区域布局

按照“四山一河”的产业布局，在苗岭山区、大娄山区、乌蒙山区、武陵山区和南部河谷区特殊野生蔬菜资源和气候资源优势区域，建立相对集中的野生蔬菜规模生产及加工基地。

——年度任务

2020年，开展生产基地和市场调研，成立专家小分队，召开现场推进会，在黄平县、七星关区、织金县、正安县、大方县和雷山县等县（区）启动1万亩野生蔬菜示范基地建设工作。

2021年，建成5万亩野生蔬菜基地，建成重点示范基地4个。启动种苗繁育基地建设，开展资源普查评价和野生蔬菜生产技术研究及集成应用，在省农科院、贵州大学、贵州中医药大学、贵州师范大学建立4个野生蔬菜研究室。

2022年，建成10万亩野生蔬菜基地，建成重点示范基地6个，提升种苗繁育保障能力。推进野生蔬菜生产技术重大科研工作，筛选出主推的贵州区域特色、民族特色优质珍稀种类，建设野生蔬菜种质资源库并启动品种选育工作。依托重点示范基地和经营主体，启动贵州野生蔬菜产销联合体建设工作。

2023年，建成17万亩野生蔬菜基地，建成重点示范基地8个。建设具有贵州区域特色、民族特色的优质珍稀种类生产基地。完成资源普查评价，建成野生蔬菜种质资源库并持续开展品种选育工作。完成贵州野生蔬菜产销联合体建设工作。

2024年，建成24万亩野生蔬菜基地，建成重点示范基地10个。构建贵州野生蔬菜标准化体系。

2025年，建成30万亩野生蔬菜基地，进一步巩固十大重点示范基地。健全贵州野生蔬菜标准化体系。

2.重点工作

（1）市场调查及市场开拓。组织对华南、华东、华北、华中等消费人群集中区域开展市场调查，确定主要开发种类和目标市场。根据市场需求，策划和落实市场拓展方案，引导生产基地建设和产品开发。（牵头单位：省商务厅；责任单位：省蔬菜集团、贵阳市农业农垦投资发展集团）

（2）实施重大建设项目。设立重大项目，建成各类优势野生蔬菜重点示范基地10个，带动建成30万亩野生蔬菜基地；建成野生蔬菜种质资源库；建设种苗繁育基地。（牵头单位：省农业农村厅；责任单位：省发展和改革委员会、省财政厅、省自然资源厅、省科学技术厅、省农业科学院、贵州大学、贵州师范大学、贵州中医药大学）

（3）强化科技支撑和技术服务。组织开展贵州野生蔬菜种质资源调查和评价，筛选重点开发的种类，建立野生蔬菜研究室，进行系统研究，建立标准化体系，对全省野生蔬菜生产开展技术服务和指导。开展贵州特色野生蔬菜功能因子挖掘及其作用机制研究，为打造贵州品牌野生蔬菜提供理论依据。（牵头单位：省科学技术厅；责任单位：省农业农村厅、省教育厅、省市场监督管理局、省农业科学院、贵州大学、贵州师范大学、贵州中医药大学）

（4）建立安全风险监测评价机制。开展野生蔬菜毒理和药理分析，开展野生蔬菜加工制品食用安全认定，结合重金属和农药残留物检测，开展安全风险监测评价。（牵头单位：省卫生健康委员会；责任单位：省市场监督管理局、省农业农村厅、省科学技术厅、贵州中医药大学、省农业科学院、贵州大学、贵州师范大学）

（5）建立市场准入机制。按照相关程序和政策，构建野生蔬菜市场准入机制，把好市场准入关。（牵头单位：省市场监督管理局；责任单位：省农业农村厅、省科学技术厅、贵州中医药大学、省农业科学院、贵州大学、贵州师范大学）

（6）发展野生蔬菜加工业。加强野生蔬菜重要成分和制取方法研究，突出精深加工，大力开发野生蔬菜加工制品，加强野生蔬菜食用方法和营养保健价值宣传普及，拓展消费市场，拉动生产发展。（牵头单位：省工业和信息化厅；责任单位：省卫生健康委员会、省科学技术厅、省农业农村厅、贵州大学、省农业科学院、贵州中医药大学、贵州师范大学）

（7）培育经营主体和品牌。从政策、资金、人才等方面加强对野生蔬菜经营企业的扶持和帮助，推广“企业 + 合作社 + 农户”

模式，壮大经营主体，通过多种形式合作，构建贵州野生蔬菜产销联合体，打造贵州野生蔬菜产业“旗舰”团队。依托产销联合体，打造贵州特色野生蔬菜品牌，引导产业发展，拓展消费市场。（牵头单位：省农业农村厅；责任单位：省商务厅、省发展和改革委员会、省财政厅、省蔬菜集团、贵阳市农业农垦投资发展集团）

3. 保障措施

（1）加强组织领导。各地农村产业革命蔬菜产业发展领导小组负责野生蔬菜产业的推进工作，统筹推进基地建设、科技攻关、人才支持、资金支持、主体培育、产销衔接等工作，集中研究解决产业推进中遇到的困难和问题，有序推进产业发展。

（2）强化督促指导。各地农村产业革命蔬菜产业发展领导小组加强督促指导，确保各项重点工作落到实处，按时保质完成各阶段目标任务，有效实现产业发展总体目标。

（3）加强资金支持。省农村产业革命蔬菜产业发展领导小组安排资金，鼓励支持各地推进野生蔬菜产业发展。各地要根据产业发展情况，统筹整合资金加强重点项目建设。

（三）贵州省“十四五”蔬菜产业规划

贵州省“十四五”蔬菜产业规划出自贵州省蔬菜产业发展领导小组。

1.“十四五”发展形势分析

（1）产业背景

国内现状

一是规模全球最大。2020 年，我国蔬菜种植面积 3.47 亿亩，年产量7.21亿吨以上。根据联合国粮农组织（FAO）《中国农业展望报告（2020—2029）》数据显示，我国蔬菜产量占世界50%以上。二是优势区域逐步集聚。我国蔬菜生产逐渐向六大优势区域集中，其中，云贵高原夏秋蔬菜、华南与西南热区冬春蔬菜、黄淮海与环渤海设施蔬菜等三大区域竞争优势突出。三是绿色发展成效显著。蔬菜生产更加注重安全、品质和效益，规模化、标准化、生态化、集约化水平大幅度提高，对保障产品质量安全发挥了积极作用。2017—2020年，全国蔬菜农药残留监测合格率稳定在97%以上。四是优势种类出口增加。蔬菜是我国在国际贸易中最具竞争力的农产品，进出口顺差长期居首位。2019年我国蔬菜出口额155亿美元，贸易顺差145.4亿美元，蔬菜出口潜力巨大，出口地主要为RCEP（文莱、柬埔寨、老挝、新加坡、泰国、越南、日本、新西兰、澳大利亚）、欧盟、北美以及俄罗斯等。五是价格波幅逐渐降低。“十三五”期间菜价年均增幅为2.8%，较“十二五”放缓1.9个百分点，2020年，农业农村部重点监测的28种蔬菜全国年均批发价为4.66元/千克，比2019年上涨10.2%，较近5年平均水平上涨17.7%，是受新冠肺炎疫情影响导致的增幅。

发展趋势

我国城乡居民进入了由数量消费向质量消费跨越的历史新阶段：一是需求持续增长，根据农业农村部发布的《中国农业展望报告（2020—2029）》，蔬菜总消费量继续增加，年均增长将达1.6%，预计2029年达7.96亿吨，其中鲜食消费增长较快，年均增速2.5%；二是种类多样化，随着城乡一体化进程的加快，满足不同消费群体、周年保供、出口等的蔬菜种类不断涌现，将呈现大宗蔬菜不少、特色和功能性蔬菜趋多的格局；三是消费品质化，消费者对蔬菜外观品相、内在品质、口感等要求越来越高，餐馆、社区、中央厨房配送等消费正在升级，私人订制消费方式也展露端倪，蔬菜产业走上品质化发展之路；四是营销品牌化，对品牌蔬菜的消费需求越来越强烈，随着市场流通日益完善，蔬菜品牌化建设日益受到重视，让客户“闻名如见面”，蔬菜产业走上品牌化发展之路；五是生产机械化和设施化，随着规模化生产和劳动力成本上升，集约化育苗、水肥一体化、耕种收机械、避雨设施、高效植保设施设备等配套需求激增；六是产业信息化和智能化以及生产技术和管理集约化加快，冷链物流体系快速形成，市场流通渠道不断拓宽，全产业链智能化和信息化发展加快；七是商品苗集约化，我国年移栽需苗量 6000 亿 ~ 7300 亿株，现有蔬菜集约化育苗场逾 3000 个，全国年生产蔬菜商品苗约 3500 亿株，其中实生苗约 3000 亿株，茄果类、瓜类嫁接苗约 500 亿株，集约化批量生产商品苗，已成为我国蔬菜育苗的主要形式；八是服务专业化，我国农业社会化服务不断创新、服务领域不断拓宽、服务链条不断延伸，对农业生产稳定发挥了重要作用，服务型农业企业、农村集体经济组织、农民专业合作社、供销系统等社会化服务取得成效，生产托管项目也逐渐受到重视。

（2）优势分析

一是产区优势，全国共有六大优势区，贵州位于云贵高原夏秋蔬菜和华南与西南热区冬春蔬菜优势区域，夏秋蔬菜外销优势突出，冬春蔬菜保供具有潜力；二是气候优势，贵州地处云贵高原和中亚热带气候的交汇融合区，有天然凉棚和天然温室两大资源地，气候优势独特；三是生态优势，贵州森林覆盖率61.5%，降水充沛，雨热同步，工业化起步较晚，三废污染少，拥有好山好水好空气，具备生产干净和优质菜的生态条件；四是资源优势，大白菜、萝卜、番茄等大宗优势蔬菜，生姜、芥菜、韭菜（韭黄）等区域特色蔬菜和野生蔬菜等资源丰富，具有产业化开发潜力；五是交通优势，贵州积极融入“一带一路”，“1小时”“2小时”“4小时”高铁经济圈，“1干13支”的航空布局，北入长江、南连珠江的内河水运大提速，使贵州已成为中国大西南交通中心和出海大通道。

（3）机遇与挑战

发展机遇

一是消费升级机遇。后疫情时代，人们更珍惜健康，对食物的选择也越来越重视健康、天然、安全等因素，我省绿色生态的蔬菜完全符合消费者的需求，“干净·优质”的品牌形象正在得到市场越来越广泛的认可。二是农业现代化机遇。省委明确提出，围绕“四新”主攻“四化”，着力建设现代山地特色高效农业强省，加快农业现代化，推进乡村全面振兴，为推动蔬菜产业高质量发展提供了政策支撑。三是新发展格局机遇。构建以国内大循环为主体、国内国际双循环相互促进的新发展格局，为我省蔬菜产业进军全国市场和打入国际市场提供了新机遇。

面临挑战

一是规模化程度低，要素配套难。耕地破碎，全省100亩以上相对集中连片的基地有2554块，面积只有127.6万亩；主体示范带动能力弱，经营规模小，产前、产中和产后要素配套难度较大。二是科技人才队伍支撑不够。我省蔬菜科技支撑力量薄弱，技术推广队伍不健全、人才结构不合理，科研队伍不强，缺乏专业农民，新品种新技术选育、品质研究、绿色防控、精深加工、耕种收机械化和智能化、生物修复等先进技术创新少，成果转化程度低，难以支撑产业高质量发展。三是设施配套滞后，产业现代化水平低。高标准菜地比例小、机械化水平低，种苗生产、绿色防控、水肥一体化、采后处理设施和尾菜综合利用等设施配套少，排灌设施配套不足，有效灌溉面积仅占全省耕地面积30%左右。四是集约化育苗程度低。我省蔬菜育苗产业建设起步晚，要素投入不足，育苗企业小散弱，农户和年育苗规模30万株以下的小规模分散零星育苗占育苗总量的83.5%，蔬菜育苗产业仍处于发展初期。五是产业链短。产前的种苗生产、产中的专业化分工分业及采后商品化处理、加工发展滞后，标准化和品牌化水平低，生产经营效益与贵州优势和定位不匹配。

2. 总体思路

（1）指导思想

坚持以习近平新时代中国特色社会主义思想为指导，深入学习贯彻习近平总书记视察贵州重要讲话精神和党的十九大、十九届二中、三中、四中、五中、六中全会精神，按照省委、省政府工作部署，以高质量发展统揽，以绿色为底色，以市场化为导向，突出现代山地特色高效，围绕规模化、标准化、数字化、机械化和品牌化

“五化”发展，构建种子种苗、生态化技术、商品化处理、市场流通、加工“五大体系”，培育农技推广、科研、新型经营主体、社会化服务、产业农民“五支队伍”，着力在结构优化上作调整，在种子种苗上破难题，在生态栽培上求突破，在采后处理上下功夫，在质量效益上求提升，在精深加工上谋新篇，做强千亿级蔬菜产业，从产业大省向产业强省转变，巩固拓展脱贫攻坚成果与乡村振兴有效衔接。

（2）基本原则

突出特色，统筹推进。立足立体气候资源禀赋、发展条件和产业基础，突出山地特色、突出优势时段、突出优势产区、突出优势单品、突出绿色发展和突出干净和优质菜，集聚各类资源要素，统筹推进规划实施和产业建设，合力推动贵州从蔬菜大省向强省转变。

科技引领，绿色发展。强化科技创新在蔬菜绿色发展中的重要支撑作用，聚焦产业发展突出问题和关键技术瓶颈，推动蔬菜产业发展与资源环境承载力相匹配、与生产生活生态相协调，加大制度供给，依法保护资源和治理环境，构建创新驱动与法治保障相得益彰的蔬菜绿色发展支撑体系。

市场导向，主体带动。充分发挥企业在蔬菜生产、采后处理加工、产销衔接等方面的战略性引导作用，加快推进蔬菜产业由增产导向转向提质导向，更好地满足城乡居民对绿色优质、多层次、个性化的消费需求，满足人民对美丽田园风光的向往及美好生活期盼的迫切要求。

改革创新，产业融合。创新蔬菜产业发展模式，激活经营主体、生产要素、产品市场，与乡村振兴有机结合，不断拓展蔬菜产业功能，提升全产业链附加值，实现全产业、多业态、多功能发展，促进一二三产业深度融合发展。

（3）总体目标

产业定位

以高质量发展统领，以高山高原产地为基本特征，以绿色为底色，以市场为导向，建成全国重要的夏秋蔬菜基地，调补省内和周边省区的冬春蔬菜基地，建成适度规模的城镇保供蔬菜基地，建设全国以“干净·优质”蔬菜为标志的产业强省。

发展目标

“十四五”时期，基础设施大幅改善，产品特色更加突出，生产力布局更加优化，科技支撑能力、标准化程度、产业化水平、质量安全水平、可持续发展能力显著提升，产业融合不断深化，现代化进程明显加快，综合实力和竞争力明显增强，夏秋蔬菜在全国的影响力大幅提升，冬春蔬菜结构进一步优化。

——提质增效增收显著。蔬菜（不含辣椒及食用菌）种植面积稳定在1800万亩以上，产量3000万吨，综合产值1500亿元以上。

——产业布局更加合理。聚焦优势单品、优势时段和优势区域，打造5个产业集群，以优势单品为突破，布局夏秋蔬菜、冬春蔬菜和保供蔬菜基地，夏秋商品蔬菜占比达70%。

——基础设施有效改善。加强耕地质量保护与提升，建成规模化、生态化栽培示范基地300万亩，配套田间道路、水利、集约化育苗、绿色防控、尾菜处理、采后分级包装和冷链设施设备。

——绿色发展全面升级。推广生态化栽培技术，提升蔬菜标准化生产水平，加强生产投入品监管，完善投入品监管制度，健全蔬菜产品质量安全可追溯体系，推进绿色、有机认证和地理标志登记保护，推行化肥和农药零增长，蔬菜质量安全抽检合格率99%以上。

——科技支撑能力显著增强。健全技术推广队伍，推进科研平台建设，主要蔬菜良种覆盖率95%以上，集约化育苗300亿株以上，主推生态化关键技术覆盖率85%以上，商品基地节水灌溉技术覆盖率40%。

——品牌影响力不断提升。大力推进品牌建设，突出贵州蔬菜“干净·优质”核心价值，着力打造“黔菜”省级公共品牌，大力推进“黔菜入沪”“黔菜广进”，培育5个以上区域公共品牌，带动形成一批有影响力、有特色的企业和产品品牌，市场体系建设不断完善。

——省外农产品流通渠道强力拓展。到2025年，重点打造4个针对省外主要目标市场的蔬菜集散中心；持续推动粤黔生鲜冷链数智生态港建设；开设6个以上“黔菜”销售档口（专区），各市（州）在对口帮扶城市开设分销中心。

3. 时空布局

（1）时间布局

夏秋时段：利用海拔高度800 ~ 2200米的中、高海拔区域夏季凉爽，7月平均气温≤ 25℃的条件，无须降温设施生产大白菜、结球甘蓝、萝卜、豌豆、芹菜、花椰菜、青花菜、菜心、胡萝卜、香葱、番茄、菜豆、黄瓜和南瓜等夏秋蔬菜。根据7月、10月平均气温分布，分为3类区域：一类区域（7月均温22℃以下）；二类区域（7月均温23～25℃）；三类区域（7月均温23～25℃、10月均温16℃以上），产品集中在6～10月上市。

冬春时段：主要利用海拔高度800米以下的低海拔区域冬春气候温暖、1月平均气温6℃以上的条件，生产豇豆、菜豆、番茄和茄子等冬春蔬菜，花椰菜、青花菜、萝卜和大白菜等茎叶花类蔬菜。按1月、4月和10月的月均温分为3类区域：一类区域（1月均温8～10℃、4月和10月均温18～20℃）；二类区域（1月均温6～8℃、4月和10月均温16～18℃）；三类区域（1月均温4～6℃、4月和10月均温14～16℃），产品集中在12月至翌年5月上市，重点提升12月至翌年3月上市的喜温蔬菜生产能力。

周年生产：提高蔬菜自给率，在重点城市周边规划建成80万亩保供蔬菜基地，实行更为严格的占补平衡和补偿机制，发挥区位、技术和市场优势，重点生产不耐贮运的大宗保供蔬菜、香细菜和地方特需蔬菜，合理安排布局，调剂全年均衡上市。在有条件的区域适度发展设施蔬菜，围绕高口感、高品质，突出设施的提早、延晚、避雨等生产功能，提升产品附加值和应急保供能力，满足多元化消费需求。

（2）空间布局

紧扣乡村产业振兴目标，细化举措，坚持全产业链开发路径，培育结构合理、链条完整、聚集度高、竞争力强的蔬菜产业集群。建成标准化生产基地，大力发展蔬菜加工营销，创建区域公用品牌和知名商标，建立顺畅的营销体系，搭建信息服务平台，对接各类金融机构，引导推动资本、科技、人才、土地等要素向产业集群集聚，加强联系科研院所，建立优势特色产业集群专家团队，加快技术集成推广，提升生产技术和装备水平，带动农户参与产业发展，让农民分享产业发展红利。布局 6 个蔬菜产业集群和 3 个优势区域。

产业集群分布

黔中产业集群：以修文、息烽、清镇、平坝、西秀、普定、龙里、惠水、镇宁和关岭为重点，一二三产协调推进，提升种子种苗、加工、机械化、智能化、数字化、设施栽培等生产水平，构建以周年生产、外销和调节省内城市供应为主的产业集群。

黔东产业集群：以德江、思南、石阡、凯里、榕江、麻江、黄平为重点，突出夏秋避雨栽培和特色加工蔬菜，构建以区域内保供为主的产业集群。

黔北产业集群：以播州、汇川、习水、绥阳、湄潭、凤冈、桐梓、正安和道真为重点，突出集约化育苗、节水灌溉、加工，构建以夏秋外销为主，同时保障区域内周年供应的产业集群。

黔西产业集群：以威宁、黔西、大方、织金、赫章、纳雍、金沙、七星关、水城、盘州和六枝为重点，突出高标准基地、冷链物流、节水灌溉和农机农艺结合，构建以夏秋为主，同时兼顾外销和调节省内夏秋供应、区域内保供的产业集群。

黔南、黔西南产业集群：以罗甸、独山、三都、都匀、兴义、安龙、望谟、册亨为重点，突出集约化育苗、节水灌溉、冷链运输，构建兼顾夏秋冬春生产、外销和省内城市保供的产业集群。

优势区域分布

中、高海拔夏秋蔬菜优势区域。充分利用我省中、高海拔夏秋季节温凉的气候条件，围绕四大山区（乌蒙山区、大娄山区、苗岭山区、武陵山区），在威宁、赫章、七星关、大方、水城、盘州、六枝、桐梓、印江、开阳、清镇、正安、道真、绥阳、湄潭、西秀、平坝、织金、黔西、播州、凤冈、石阡、独山、凯里等县（市、区）布局我省夏秋蔬菜生产基地。重点抓好番茄、茄子、莱豆、南瓜、黄瓜、大白菜、结球甘蓝、萝卜、胡萝卜、芹菜、莴苣、花菜（含青花菜、松花菜、花椰菜）、芥菜、菠菜、韭菜、大蒜、豌豆、大葱等蔬菜。

低海拔冬春蔬菜优势区域。充分利用南部河谷区的南北盘江、红水河、都柳江流域，中部乌江中下游和北部赤水河流域部分区域冬春季节热量条件，在罗甸、望谟、册亨、兴义、安龙、镇宁、三都、紫云、关岭、仁怀、习水、余庆、思南、德江和沿河，布局冬春蔬菜生产基地。重点抓好黄瓜、西葫芦、番茄、茄子、莱豆、豇豆等蔬菜。进一步巩固提升冬春喜温蔬菜生产基地，突出探索 12 月至翌年 3 月上市的喜温蔬菜生产技术和模式，重点打造北盘江打邦河流域生产基地。

保供蔬菜区域。围绕 9 个市（州），规划周年生产基地，在重点城市周边规划建成 80 万亩保供蔬菜基地，有条件的区域适度发展设施蔬菜。重点生产不耐贮运的大白菜、结球甘蓝、萝卜、青花菜、松花菜、花椰菜、芥菜、胡萝卜、莴苣、大葱、黄瓜、豇豆、菜豆、番茄、茄子等大宗保供蔬菜，芹菜、菠菜、香葱、芫荽、茼蒿、大蒜等香细菜和山药、生姜、韭黄、佛手瓜、野菜等地方特色蔬菜，合理安排布局，保供和外销兼顾，确保中心城区和各县城稳定供应。

4. 主要任务

（1）构建五个体系

种子种苗体系

加强蔬菜种质资源保护利用。开展全省蔬菜种质资源的全面普查、系统调查与抢救性收集，启动蔬菜种质资源库建设项目。加大特有资源与特色地方品种收集力度，重点开展特色蔬菜抢救性保护和特色优势蔬菜种质资源的深度挖掘利用。依托高等院校、科研院所和科研实力较强的种业企业，加强对具有抗病、抗逆和丰产等特异种质的精准鉴定及综合评价，筛选一批有重要价值的种质。

推动蔬菜种业科技创新。以优势科研院所、高等院校为依托，加强与国内优秀的科研团队和科研人才合作，建立合作机制，围绕蔬菜资源收集、保存、品种选育、高效制种等技术研发与成果转化，推进育种创新和联合攻关。

推进集约化育苗基地建设。瞄准目标市场，大力引进筛选优良品种，在规模基地相对集中的地区，建设一批集约化商品苗繁育基地，推进种苗一体化工程，加快开展丸粒化种子、精量播种、嫁接苗等先进育苗技术的推广应用，不断调优品种结构，提升蔬菜种业创新效率。

生态化技术体系

加强耕地保护和质量提升。落实集中连片优质耕地保护政策措施，切实保护耕地，大力推广土壤生态安全消毒活化、控氮降酸、测土配方施肥、水肥一体化和保护性耕作，深耕深松土壤，加厚熟土层。通过增施绿色增值肥料、土壤修复菌剂、固氮根瘤菌剂、溶磷菌剂、有机物料腐熟菌剂等新型有机肥，利用农家肥、秸秆还田和合理休耕、轮间套作，提高土壤有机质含量，改善土壤理化性状。

实施基地“清源行动”。坚持绿色发展，做好基地“清源行动”，组织开展打击违规生产、销售禁限用农药专项行动，开展单品质量安全和生产风险防控技术研究及推广工作，组织全面开展菜园废弃物处理与资源化利用，全面使用国家标准地膜，探索地膜和农资包装废弃物回收模式，持续开展清洁菜园创建和以草治草、地膜回收、尾菜治理等试点示范工作。

加快绿色发展关键技术应用。促进科企深度合作，加强蔬菜育种理论方法和分子育种、高品质栽培、生态化栽培、轻简化栽培、抗性鉴定、连作障碍机理与解决措施研究，大力推广天敌防控、理化诱控、高效施药、预警监测等病虫害绿色防控和废弃物资源化利用，突出“三减三增”（减肥、减药、减工；增产、增收、增效），构建生态化栽培技术体系，推动产业绿色发展。

提高尾菜综合利用水平。围绕蔬菜生产优势区域，开展尾菜副产物综合利用加工试点示范工程建设，支持引导企业开展蔬菜生产副产物的综合利用、循环利用、梯次利用，应用一批副产物综合利用新技术、新工艺、新设备，开发一批高附加值新产品，提升资源化利用水平，实现资源利用最大化。

商品化处理体系

推动产地商品化处理。在相对连片规模种植基地，鼓励支持经营主体加快发展产地初加工，提高质量和效益。改善产地贮藏、预冷、保鲜、清洗、分级、包装、检验检测等采后商品化处理设施装备条件，构建设施完备、技术先进、管理高效的蔬菜产品采后商品化处理体系。

加强采后商品化处理技术研究。开展蔬菜特色优势单品整理清洗、分拣分级、预冷保鲜、多层次加工和包装贮运等关键技术研究，制定推广贵州蔬菜采后处理示范基地单品产品标准和分等分级标准，加强蔬菜产品产地初加工技术的研发、引进和示范推广，提升现有设施装备水平，推行贴牌上市，推进净菜进城。

市场流通体系

健全产品流通网络服务体系。重点打造 4 个针对省外主要目标市场的蔬菜集散中心，畅通贵州蔬菜出省通道。持续推动粤黔生鲜冷链数智生态港建设，在上海、广州、深圳、重庆、成都、长沙等重点目标市场开设贵州蔬菜销售档口（专区），各市（州）在对口帮扶城市开设分销中心，持续开拓京津冀、长三角、粤港澳、成渝、两湖等重点区域市场，进一步拓宽贵州省外分销渠道，推动建设西南地区蔬菜集散中心。

完善冷链物流运输体系。依托龙头企业、专业合作社和大型商贸流通企业，加强产地预冷、预选分级、加工配送、冷藏冷冻、包装仓储、检验检测和电子结算等设施建设，支持国有企业发展冷链物流第三方服务，完善车辆配置，优化运输方式，发展多形式联运，构建采后处理、冷链储运的采后流通链条，完善从田间到销售终端的全程冷链物流运输体系，提升蔬菜产品的冷链运输能力和效率。

加工体系

推进传统产品工业化发展。积极开发发酵、腌制、干制等加工新技术，加快酸白菜、盐酸菜、盐菜、萝卜皮、酸萝卜、芥菜等传统产品工业化发展。强化酸汤制品原料番茄等专用品种培育和筛选，加强酸汤饮品、酸汤底料等系列产品开发，做精贵州酸汤乡土产品加工。开发姜片等休闲蔬菜食品、蔬菜养生食品、腌制蔬菜和方便菜等产品，不断丰富加工产品种类，提高产品附加值。

推进蔬菜精加工发展。强化国际化蔬菜加工制品生产技术研究，突出蔬菜功能成分及其提取技术研究，大力发展精深加工制品。支持加工企业加快技术改造、装备升级和模式创新，扩大大宗蔬菜单品原材料深加工消纳能力。加大生物工程、环保、信息等技术集成应用力度，积极发展速冻蔬菜、净菜、脱水蔬菜、蔬菜汁、饮料等新型蔬菜加工制品，提高蔬菜商品化处理包装率，生产多种类型深加工产品，延长产业链，提升产品档次和附加值。

表 1–1　五个体系建设工程

1. 种质资源保护工程。到 2025 年，累计收集、引进蔬菜种质资源 1000 份，其中特色珍稀种质资源 20 份以上，新建 1 个蔬菜种质资源圃。 2. 种子种苗体系建设工程。到 2025 年，打造贵阳市、遵义市、毕节市 3 个集约化育苗企业集群，全省年育苗总量达 300 亿株，确保全省商品蔬菜主要基地优质种苗供应。 3. 清源行动和清洁菜园创建工程。到 2025 年，蔬菜主产区全面开展

清洁、回收、处置废弃农地膜及农药包装袋等生产废弃物，强制执行国家标准地膜，废旧农膜回收率85%，化肥和农药零增长，蔬菜质量安全抽检合格率99%以上，以企业和合作社为主体，创建清洁菜园1000个，力争蔬菜优势产区耕地质量提升0.5个等级（别）以上。

4.采后商品化处理工程。合理布局采后处理、分拣分级、预冷储存、冷链物流设施设备，实现规模种植基地全覆盖。到2025年，全省建设100个省级采后处理示范基地。

5.蔬菜产品流通体系建设工程。到2025年，全省建成一级批发市场3个、二级批发市场6个、集配中心10个以上，完成城镇农贸市场改造，布局一批标准化菜市场、社区生鲜超市、连锁超市、生鲜自提柜等农产品零售网点。

6.蔬菜冷链物流体系建设工程。到2025年，全省新增冷库库容50万立方米以上，冷藏车保有量达到2000辆以上，建成5个配送及物流示范中心。

7.蔬菜加工体系建设工程。到2025年，全省实现3～5个传统产品工业化。引进高端加工企业5家以上，培育蔬菜加工企业80家以上，因地制宜开发速冻蔬菜、净菜、脱水蔬菜、蔬菜汁及饮料、蔬菜脆片、真空保鲜蔬菜、什锦盆菜等蔬菜加工制品及功能成分提取物。

（2）推进“五化”发展

推进规模化发展

推进规模化基地建设。充分发挥我省光热、水土和生态优势，对6°以下以及6°～15°耕地纳零为整，以龙头企业和家庭农场为重点，提升规模化水平，不断向集约化、规范化、机械化和信息化发展，狠抓产品质量安全，注重产业链延伸、突出优势品牌培育，推动蔬菜产业转型升级和高质量发展。

打造高标准蔬菜基地。以15°以下集中连片耕地为重点，启动实施以骨干输配水、土地平整、田间灌排水、机耕道路、农田输配电、农田防护和生态环境保护等为重点内容的高标准蔬菜基地建设提升工程，配套建设蔬菜基地的避雨设施、预冷库和尾菜处理设施设备，完善喷灌、滴灌等节水灌溉设施，推进产业标准化、规模化生产。

提升标准化水平

构建蔬菜产业发展标准体系。以市场需求为导向，聚焦我省蔬菜优势特色单品，分行业、分链条、分区域，按照严于国家强制性标准、高于国家推荐标准、对标全国较高标准的要求，制定、修订特色优势单品全产业链标准体系、清洁菜园和规模化基地通用标准、质量安全团体标准，建立符合贵州实际的集产前、产中、产后于一体的全链条地方标准体系，增强贵州蔬菜核心竞争力和话语权。

推行蔬菜标准化生产。推进符合贵州特点的蔬菜生产技术规程和产品质量标准的实施与示范，大规模开展蔬菜标准化生产示范，建成一批标准化示范区和标准化示范基地，积极推广安全、高效、实用的绿色生产技术，提高标准化技术应用的覆盖率和到位率。

提高数字化和智能化水平

提高生产管理数字化和智能化水平。实施“互联网 +”现代农业行动，采用信息技术、互联网技术和通信技术等前沿技术，对蔬菜生产过程中的人、财、物以及信息流等进行集成化管理，规范生产技术标准和管理流程，加快建设数字农情、土壤墒情、养分丰缺动态监测预警及数字化病虫害防控监测网络，围绕蔬菜核心产区开展全产业链数字化、智能化应用示范，实现生产全程监测，提高蔬菜生产管理数字化水平。

构建产业大数据服务平台。加快构建覆盖全省蔬菜生产、加工、贮运、经营、管理、服务等环节的大数据平台，建设主要蔬菜产区的田间地头信息采集点，补齐产地仓储保鲜冷链大数据，推广“一码贵州”“黔菜网”，提高蔬菜产品供应链管理和溯源技术水平，探索基于大数据服务平台的蔬菜产品溯源、品质认证、综合查询等服务，实现主要优势蔬菜单品全流程环节质量追溯。

提升机械化利用率

提升蔬菜山地机械化水平。加快引进及研制适合高原山区菜园作业的专用机械，重点发展适应蔬菜生产的中小型山地农机，推进菜田机械化地膜回收、耕种、施肥、植保、产品产后分拣、包装、冷库冷链、保鲜储藏等机械装备的研发和推广，推进农业机械化向蔬菜的产前、产中、产后环节延伸，在生产条件较好的基地实施高效农机化规模生产示范工程，提升蔬菜生产机械化水平。

改善蔬菜产业农机作业条件。加大对坝区和连片种植区“宜机化”整治力度，并纳入高标准农田建设项目。加快蔬菜宜机化品种的选育推广，研制及引进适应丘陵山区的小型智能化、多功能、组合式农机装备，引导生产经营主体注重农机农艺融合，促进良种、良法、良地、良机配套，为蔬菜机械化作业、规范化生产创造条件。

推进品牌化建设

加大品牌培育力度。建立“黔菜”标准体系，以干净和优质作为贵州蔬菜核心价值和品牌形象，拓展内外市场，大力建设粤港澳大湾区“菜篮子”保供基地、上海外延蔬菜基地。继续开展“黔菜入沪”“黔菜广进”产销推介活动，树立贵州蔬菜良好形象，提高知名度，推进“黔菜”公共品牌建设，打造“黔山牌”“毕节珍好”等一批优质区域公共品牌，鼓励企业创建品牌，增强蔬菜产业的核心竞争力。

加快认定认证。把推进绿色、有机认证和地理标志产品保护作为提升产品质量安全水平和品牌打造的重要手段，着力打造“干净·优质”为特征的黔菜品牌，抓好示范基地建设，加强菜地生态建设和环境保护。充分利用和发挥我省生态、气候和资源优势，鼓励和支持农业生产经营主体申报农产品认证，提高认证产品比重。

表 1–2　“五化”发展推进工程

1. 高标准农田建设提升工程。到 2025 年，全省建成地平整、路相通、旱能灌、涝能排、电保障、有配套、宜机化、高效益的高标准蔬菜基地 300 万亩，实施土地平整、灌溉与排水、田间道路、农田输配电、农田防护与生态环境保持等工程。 2. 标准体系建设工程。到 2025 年，全省基本建立涵盖主要蔬菜产前、产中、产后的标准体系，标准覆盖率超过 50%。 3. 产业大数据服务平台建设工程。到 2025 年，建成蔬菜产业大数据服务平台，实现主要优势蔬菜单品全流程环节质量追溯。 4. 山地机械化提升工程。到 2025 年，农机农艺一体化技术示范试点涵盖所有蔬菜生产大县。 5. 品牌创建工程。到 2025 年，培育 5 个以上区域公共品牌，带动形成一批有影响力、有特色的企业和产品品牌。 6. “两品一标”建设工程。到 2025 年，全省蔬菜绿色、有机认证和地理标志产品保护认证登记个数增长 20% 以上。

（3）建设五支队伍

健全农技推广队伍

加强技术推广队伍建设，全方位、多形式培训全省蔬菜产业相关技术人员，实施基层农技推广人员专业基础知识更新计划，着力引进、培育及壮大产业技术人才队伍，提升技术推广人员的专业水平。按省、市（州）突出区域中心功能，县级突出技术服务功能，乡镇突出综合服务功能的要求，不断增强服务能力。

壮大科研队伍

出台优惠政策，围绕产业发展，整合各级农科教部门资源力量，引进国内外技术人才，成立由国家级、省级、市（州）级、县级等四级专业技术人员组成的蔬菜产业技术研发队伍，开展育种材料、技术创新和专用品种选育，集成节本提质增效技术，构建生态栽培技术体系，不断提升蔬菜产业科技人才素质水平，促进贵州省蔬菜产业持续稳定发展。

扶持新型经营主体队伍

聚力打造企业集团。支持蔬菜骨干国有企业聚集资源优势、优化资源配置，通过独资、联营、控股、参股、共建、兼并等形式参与贵州蔬菜产业发展，重点在蔬菜规模化标准化生产、蔬菜产品精深加工、市场流通销售、生产基础设施建设等方面发挥示范引领带动作用，吸引各类社会资本投入蔬菜产业发展，推动贵州蔬菜产业加快提升规模化、标准化、产业化、现代化、品牌化、数字化水平。

大力引进龙头企业。聚焦蔬菜生产基地大县和重点县，加大招商引资力度，优化营商环境，完善落实扶持政策，从以商招商、产业链招商和主题招商三个方面下功夫，面向央企、国企、名企，点对点精准上门对接，加快引进一批带动能力强、科技含量高、产业链条全、管理水平高、综合实力强的国内外农业产业化龙头企业，引导其他蔬菜经营主体发展蔬菜产业，推进蔬菜产业化经营。

壮大农民专业合作社。积极扶持以农民为主体的专业合作社，强化指导服务，优化扶持政策，实施提质增效工程，引导规范合作社生产规模化、质量标准化、产品品牌化、营销网络化发展，提升合作社的经济实力、发展活力和带动能力。实施合作社质量提升整县推进试点，加快培育一批规模较大、管理能力较强、产品质量高、能带动农民增收致富的省级农民专业合作示范社。

培育家庭农场。围绕蔬菜主产区域，优化配置土地、劳动力、资源、资本等生产要素，因地制宜培育一批规模适度、生产集约、管理先进、效益明显的家庭农场。建立健全蔬菜家庭农场的风险保障机制，支持引导具备条件的家庭农场提升自身实力升级为省级示范家庭农场。

组建社会化服务队伍

积极创新服务机制，着力拓展服务领域，加快推进资源整合，发展多元化、多层次、多类型的社会化服务组织，健全资源要素共享机制和利益联结机制，探索“技物结合”“技术托管”等创新服务模式，推广应用先进技术装备，改善资源要素投入结构和质量，推进标准化生产、规模化经营，提高农民组织化程度，促进产业转型升级和高质量发展。

培育产业农民队伍

提升蔬菜产业农民发展现代农业的能力，实施产业农民能力提升和科技服务产业农民行动，开展深入田间地头指导培训、电视培训、网络培训、农民田间学校等多种形式的技术能力培训，鼓励经营主体带动产业农民发展蔬菜标准化、规模化生产，实施“企业+产业农民”“合作社+产业农民”“互联网+产业农民”等多种形式的专业化、市场化服务行动，培育壮大产业农民队伍。

表 1-3　五支队伍建设工程

1. 技术推广队伍建设工程。各市（州）和种植面积 20 万亩以上的重点县要建立健全蔬菜业务机构，确保重点县有 5 名以上蔬菜专业技术人员，主产乡镇至少配备 1 名蔬菜专业技术人员。 2. 科研人才振兴工程。加快全省蔬菜全产业链关键技术研发进程，组建结构合理、规模适当、功能互补的蔬菜产业技术研发团队，开展蔬菜全产业链中不同环节的关键技术研究。 3. 经营主体培育工程。到 2025 年，形成一批在全国具有竞争力和影响力的蔬菜骨干企业，通过扶持培育，省级以上龙头企业、省级以上农民合作社示范社、省级以上家庭农场分别增长 10% 以上。 4. 产业农民培育工程。到 2025 年，开展多种形式的产业农民能力提升培训，每年培训产业农民 5000 人次以上。

5. 保障措施

（1）加强组织领导

加强组织领导，强化工作统筹协调，细化工作方案和措施，建立目标责任制，明确责任主体，研究协调解决产业发展突出问题，加大规划实施力度，确保各项目标任务落小落细落实。

（2）优化扶持政策

落实惠农政策，在规划选址、设施农用地保障、供水和供电等公共配套设施、金融保险、企业税收等政策方面予以支持，给予蔬菜生产、加工、物流享受优惠政策。落实好产值奖补、基础设施建设奖补、政策性保险和其他坝区支持政策。设立蔬菜产业发展专项资金，夯实产业基础。

（3）加大资金支持

统筹整合财政涉农资金，积极争取民间社会资本，加大对蔬菜基地水利、道路、设施等的投入，加大对规模生产、龙头企业、新品种应用、科技研发和推广等的支持。积极引导金融机构对蔬菜生产、加工、营销企业和个人给予优惠贷款，支持蔬菜产业发展。积极争取基金投入，撬动更多金融资本、社会资本投入蔬菜产业。

（4）强化监督管理

建立健全蔬菜产业发展目标管理制度和绩效评价体系，细化分解目标，建立健全蔬菜产业调度制度，强化动态督导管理，及时掌握产业发展情况。完善督促指导制度，对产业重点发展项目开展常态化监管。

6. 环境评价

（1）生态环境质量现状

根据《2020 年贵州省生态环境状况公报》，全省生态环境质量总体良好稳定，主要污染物排放总量进一步下降，“十三五”规划确定的生态环境各项约束性指标圆满完成。全省水环境质量总体保持优良。2020 年，全省主要河流监测断面水质优良比例 99.3%（达到 III 类及以上水质类别）；主要湖（库）监测垂线中 92.0% 达到 III 类及以上水质类别；15 个出境断面全部达到 III 类及以上水质类别。全省环境空气质量总体优良：9 个中心城市 AQI（空气质量指数）优良天数比例平均为 99.2%，环境空气质量均达到《环境空气质量标准》（GB 3095—2012）二级标准；88 个县（市、区）AQI 优良天数比例平均为 99.4%，环境空气质量均达到二级标准。全省 9 个中心城市声环境质量总体较好。全省环境电离辐射水平处于本底涨落范围。

（2）规划实施对环境的影响

“十四五”规划对生态环境质量的正面影响。蔬菜基地防洪、灌溉、水电等农田水利基础设施建设会改变周围地表及地下水系结构，有效涵养水源，促进水体生态修复。推广水肥一体化技术以及理化诱控、生物防治、生态调控、科学用药等绿色防控技术，有利于提高农药化肥使用率，实现化肥农药零增长。推行蔬菜标准化种植、绿色和有机农产品生产、生态化栽培、标准化地膜使用、农田残膜回收、尾菜秸秆等废弃物资源综合利用技术，改善蔬菜生产环境，提高植被覆盖率，减少水土流失，改善农业生态环境，调节环境气候。

“十四五”规划对生态环境质量造成的负面影响。规划实施对生态环境造成的负面影响依然存在。项目施工过程中因石方开挖和回填、材料运输与装卸产生的尾气、扬尘，施工人员的生活污水和施工废水，施工设备产生的噪声和车辆行驶产生的噪声，施工产生的建筑弃材、废渣土和生活垃圾等，将会对区域生态环境造成不良影响。平整土地、耕地及施肥产生的少量扬尘，蔬菜生产过程中产生的尾菜、废弃肥料农药包装袋与地膜，副产品的废弃物利用与处理不当，等等，都会对生态环境产生负面影响。

（3）环保措施

提升可持续发展能力。加强耕地保护与质量建设，严禁违规占用耕地，切实保护耕地资源，实施新一轮高标准农田建设规划，开展蔬菜尾菜、秸秆等废弃资源高效利用，提倡重金属钝化、土壤修复、土壤有机质提升行动，示范施用土壤调理剂，增施有机肥，种植绿肥还田，提升土壤肥力。推广膜下滴灌、水肥一体化、喷灌、微灌等节水灌溉技术，提升蔬菜生产用水效率。

加强蔬菜面源污染防治。建立健全农业面源污染预报预警系统和快速反应系统。示范推广施用生物肥、缓释肥、水溶肥、微生物菌肥等新型肥料，促进尾菜、秸秆肥料化，改进施肥方式，推进有机肥替代化肥，减少化肥用量。集成推广生物防治、物理防治等绿色防控技术，推广新型高效植保机械，推进科学用药。推广普及国家标准地膜，推动废膜、包装废弃物的回收处置，加大全面禁用除草剂宣传和监督力度。

推动蔬菜绿色高质量发展。建立蔬菜生产力与资源环境承载力相匹配的新格局，优化调整蔬菜种类结构，提倡科学的轮间套作制度。建立健全绿色蔬菜产品标准体系，加强蔬菜的绿色、有机、地理标志产品认证管理，推进蔬菜标准化生产、生态化和轻简化栽培。加快蔬菜全产业链废弃物资源循环高效利用进程，发展生态循环农业，促进废弃物资源化、高值化利用，推动蔬菜产业绿色低碳循环发展。

实现生态环境休养生息。引导帮扶农民提高生态环保意识，改变传统生产生活方式，推动用地与养地相结合，合理布局蔬菜种植、加工、运输区域，完善蔬菜生产基地的田间基础和配套设施建设，集成推广蔬菜绿色生产技术模式，构建绿色有机农业发展动力机制，坚持保护与发展并重，促进农业生态环境自我修复，实现生态环境的休养生息。

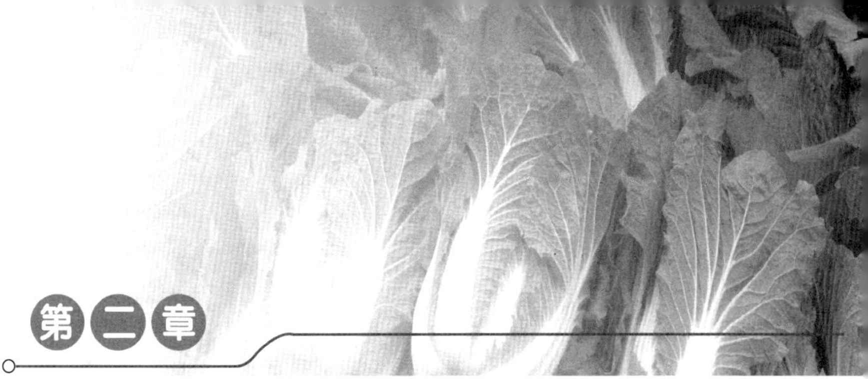

第二章 产业实用技术

本章介绍蔬菜产业生产环节的关键实用技术，内容主要是与种植有关的，跟产业化、现代化挂钩的技术指导。因一个产业有多种产品，故分为八节分别讲述。

第一节 白菜高效栽培管理关键技术

白菜是我国重要的叶用喜冷凉蔬菜，属于十字花科、芸薹属二年生草本。白菜原始种产自中国华北地区，在中国乃至世界各地区广泛栽培。白菜可供鲜食、烹饪、加工、饲料及油用，营养成分十分丰富，可满足日常人体所需。据古书记载，白菜亦具有一定的药用价值。目前已商品化淡绿、浓绿、黄色、橙色、紫色以及散叶型、花心型、结球型和半结球型等品种。

一、适宜品种的选择

栽培时应选用口感好、产量高、抗抽薹、耐热耐寒、抗病强以及受市场欢迎的品种。另外，还需根据栽培地气候特征筛选适宜品种，如：春季大白菜选用耐抽薹、品质佳、抗性强，生长期 50 ~ 60 天的早熟类型品种；夏季种植的大白菜优先选用早熟、抗病能力突出的耐热型品种；秋季大白菜优先选用商品性好、抗生物胁迫性突出，生长期为 75 ~ 85 天的中晚熟品种。

秋绿 60：高桩直筒青麻叶类型白菜，属秋早熟型白菜品种或春播品种，品质极佳，生育期 60 ~ 65 天；商品性状好；单株重 2 ~ 2.5 千克，产量 6500 千克 / 亩左右，株形紧凑，外叶少，适宜密植；外叶深绿色，中肋浅绿色，球顶花心，结球紧实，叶纹适中，抗病毒病和霜霉病。

带“CR”字样的品种：“CR”表示该品种抗或耐根肿病，可在发病土地上正常种植。根肿病危害十字花科蔬菜根部，引起根部功能丧失，植株生长不良，严重时绝收。根肿菌孢子生命力强，可残留在土壤中 8 ~ 12 年，常规轮作方法难以克服，故在发病区域应选择种植抗性品种。

“强势”大白菜：属错季栽培大白菜品种，抗寒能力强，能耐短期 8℃左右低温，口感好、品质佳、耐抽薹。生育期 70 天左右，矮桩叠抱，生长势强，结球能力强，球高 27 厘米，球径 17 ~ 19 厘米，单株重 2 ~ 3 千克，亩产 4000 千克左右。株形为炮弹形，外叶少，呈深绿，为全缘叶，叶面光滑、平整，中肋浅绿色，内叶黄色。

黔白 5 号：属冬春、早春及春夏反季节栽培的白菜品种，冬春种植的生育期为 132 天。其株型直立紧凑，株高 38.3 厘米，开展度 48.1 厘米。结球紧实，单球重 1.25 千克，外叶深绿，叶柄白绿，叶面皱缩。另外，该品种抗病性强，同时耐寒、耐抽薹。

韩国“紫裔”：属中熟类型、高花青素、高商品性品种，定植后 68 天左右可收获。其外叶为紫色，内叶为鲜红紫色，叶柄薄，球形直筒形。另外，该品种干物质含量和花青素含量高，单球重 1.5 ~ 2 千克。口感鲜嫩，商品性佳。

二、环境条件的要求

（一）温度

大白菜属于半耐寒蔬菜，性喜温、喜冷凉，不耐严寒、不耐热，适应温和的气候环境。种子发芽的最适温度为 20 ~ 25℃，苗期生长上限温度一般高于生长后期阶段，其中苗期适温为 22 ~ 25℃。

（二）光照

大白菜喜光照，但在结球期不喜太强光照。

（三）水分

大白菜叶片大而薄，根系浅且欠发达的形态特征决定了其吸水能力差的生物特性，所以大白菜对水分的要求较高。但是当水分过高时，亦不利于白菜生长。中长期干旱后、大量降雨之前应做应对措施，前期缺水、后期水分过量的情况容易引起叶柄基部吸涨破裂，伤口感染病原菌后发病减产。

（四）土壤和营养

土壤肥沃疏松、水肥平衡且保持性好的土壤适宜种植大白菜。大白菜是典型的叶用蔬菜，整个生育周期对氮肥需求量大，结球后期对磷肥和钾肥需求量增加。

三、栽培季节与茬口安排

（一）栽培季节

与全国正季栽培相比，贵州进行全地域春夏季栽培和中、高海拔地区夏秋错季栽培可创造更高经济价值。

（二）茬口安排

大白菜春秋季种植茬口安排（见下表）。

表 2-1　大白菜春季种植茬口安排

平均海拔	500 米以下	500~800 米	800~1100 米	1100~1500 米	1500~1900 米	1900~2300 米
播种时间	1 月下旬 ~ 2 月初	1 月底 ~ 2 月中旬	2 月上旬 ~ 2 月下旬	2 月中旬 ~ 2 月底	3 月初 ~ 3 月中旬	3 月上旬 ~ 3 月中下旬
定植时间	2 月底 ~ 3 月上旬	3 月初 ~ 3 月中旬	3 月中旬 ~ 3 月下旬	3 月中旬 ~ 3 月下旬	4 月初 ~ 4 月中旬	4 月上旬 ~ 4 月中下旬
收获时间	4月中上旬~ 4 月下旬	4 月 中 上 旬 ~4 月底	4 月下旬 ~ 5 月上旬	4 月底 ~ 5 月中旬	5 月中下旬 ~ 6 月初	5 月下旬 ~ 6 月上旬

表 2-2 大白菜秋季种植茬口安排

平均海拔	500 米以下	500~800 米	800~1100 米	1100~1500 米	1500~1900 米	1900~2300 米
播种时间	11 月下旬~11 月底	10 月中下旬 ~11 月中旬	10 月中旬~11 月初	10 月上旬~10 月下旬	9 月下旬~10 月初	9 月中旬~9 月下旬
收获时间	次年 3 月上旬 ~3 月中旬	次年 3 月上旬 ~3 月中旬	次年 3 月上旬 ~3 月中旬	次年 3 月上旬 ~3 月中旬	次年 3 月上旬 ~3 月中旬	次年 3 月上旬 ~4 月初

表 2-3 夏秋错季栽培时间安排

平均海拔	1300~1500 米	1500~1800 米	1800~2200 米
夏季栽培	4 月中旬播种	4 月下旬播种	4 月底播种
秋季栽培	8 月上旬播种	8 月初播种	7 月下旬播种

四、栽培技术

（一）选地

选择保水保肥能力较强、生态结构完整、有机质含量高、无积水、排灌便利且不带十字花科重大病虫害的地块。

（二）土壤清洁、消毒，整地和施底肥

1. 土壤清洁和消毒。清洁田园，去除地块中的尾、残菜和农业生产废弃物。病害较多的田块可每亩用 100 千克生石灰撒施，再进行翻耕混匀，或采用水旱轮作，减少土传病害。低热河谷地区可在气温较高季节施用生石灰后，灌水浸润土壤，覆盖黑色地膜 14 天

左右，达到土壤消毒、闷杀地下害虫和除草的效果。

2. 土壤调理。土壤生态失调和土壤结构不良可使用土壤调理剂处理。每亩可用糖醇钙镁土壤调理剂 20 千克 +10 亿孢子 / 克枯草芽孢杆菌可湿性粉剂 0.5 千克 + 蚯蚓蚓激酶 –T18 颗粒剂 10 千克混匀沟施，配合底、基肥一起施用。

3. 整地。深翻碎土，晒土 3 ~ 7 天，施基肥后开厢作畦，一般厢沟宽 33 厘米，深 20 厘米，以防积水，但黔西北缺水地区，可不开深沟。在稻田进行水旱轮作时，应采用高畦窄厢，一般株行距 30 厘米，可做 1 米厢面种 3 行，或 1.2 米厢面种 4 行。在旱地栽培时，一般株行距 33 ~ 36 厘米，可做 2 米厢面种 6 行。另外，直立型大白菜可减少栽培株行距，为 23 ~ 24 厘米。

4. 施底肥。结合整地施底肥，每亩施优质有机肥（2000 ~ 2500 千克）和复合肥（10 ~ 15 千克）。

（三）种子消毒

可根据条件选用温汤浸种或药剂消毒。消毒前种子需筛选籽粒饱满、无病虫害的个体，播种前可用 45℃温水浸种 15 ~ 20 分钟，或大晴天情况下进行 2 ~ 3 天的晒种，或用药剂进行拌种处理，可防治病毒病，同时提高萌发率。为苗齐苗壮可采用 0.136% 赤 · 吲乙 · 芸薹可湿性粉剂（碧护）混匀，拌种后放在通风处，阴干后播种。

（四）直播

直播时根据栽培密度，每窝播种 3 ~ 4 粒，盖 1 ~ 2 厘米厚细土，一般每亩用种重量 130 克左右。

（五）育苗

可采用育苗钵和育苗盘进行点播育苗，一般每穴 1 ~ 2 粒，用种重量 15 ~ 20 克 / 亩。播种前先浇水，播种后覆土约 1 厘米。利用苗床育种时，苗床应选择地势较高、排水通畅的肥沃田土。播种前浇足底水，播种完成后即进行浇水盖土。

（六）苗期管理

春夏错季栽培注意搭盖薄膜保温，夏秋错季栽培注意搭棚遮阴保湿。夏季出苗后及时浇水，保持基质或苗床见干见湿。育苗棚内保持出苗前苗床温度 25 ~ 28℃。出苗后控温：白天 22 ~ 25℃，夜间 15 ~ 18℃。“拉十字”后白天 20 ~ 25℃，夜间 13 ~ 15℃。苗期注意人工除草（不可施用除草剂）。定植前 7 ~ 10 天适当进行秧苗锻炼，到大白菜齐苗土壤都要保持湿润。田间注意持水，避免出现蚜虫和病毒病爆发。

壮苗标准：苗龄 30 ~ 35 天，幼苗具 4 ~ 5 片真叶，其中生长健壮、叶片肥厚、根系发达和无病虫害的个体为壮苗。

（七）移栽

气温稳定时定植。用移植铲挖坑，覆盖国家标准地膜，浇水栽苗或定植后浇水。

（八）田间管护

1. 施肥管理。施足底肥后，应结合浇水管理进行适时适量追肥，移栽成活后，通过浇一次腐熟清淡的农家肥进行提苗；莲座期追肥，在腐熟清淡农家肥中加入 100 克复合肥。整个生长期内施用总氮肥不超过 18 千克 / 亩或尿素不超过 39 千克 / 亩，采收前 20 天内禁止施用叶面肥。

2. 灌溉管理。灌溉过程中进行施肥浇水一般选择在傍晚进行，勤浇浅浇，保持地表温度和土壤湿度。大雨后注意排水，避免淹苗埋心，避免积水引发的病害积累。

五、病虫害绿色防控

坚持“预防为主、综合防治”的植保方针，针对贵州大白菜主要病虫害的发生特点，综合考虑各种引发因素，以农业防治为基础，协调生物防治、化学防治等。

（一）主要病害

大白菜的主要病害有软腐病、霜霉病、病毒病、黑斑病、黑腐病和根肿病等，其主要发病症状和防治方法见下图、下表。

图 2-1　大白菜软腐病（贵州大学蔬菜研究院 供图）

图 2-2　大白菜霜霉病（贵州大学蔬菜研究院 供图）

图 2-3　大白菜病毒病（贵州大学蔬菜研究院 供图）

图 2-4　大白菜黑斑病（贵州大学蔬菜研究院 供图）

图 2-5　大白菜黑腐病（贵州大学蔬菜研究院 供图）

图 2-6　大白菜根肿病（贵州大学蔬菜研究院 供图）

表 2-4　大白菜主要病害、发病症状及防治方法

病害名称	发病症状	药品名称及配方	施用方法
软腐病	主要危害根尖和叶柄。叶柄发病部位呈水渍状，外叶失去水分导致其萎蔫，干枯死亡。后期发病，叶表面出现水渍状的小斑点，同时叶片呈油渍状，整株植株腐烂，并散发出恶臭味	发病初期可用20%井冈霉素水溶液（每袋25克）兑水50千克，隔7～10天喷洒1次，连喷2～3次	每7～10天防治1次，连续防治2～3次，雨后补喷，在收获前1周停止用药

续表

病害名称	发病症状	药品名称及配方	施用方法
霜霉病	以叶片发病为主。感病后白菜的叶面产生水渍状的褪绿斑,后转为黄褐色,随病斑的扩大常受叶脉限制而呈多角形。天气潮湿时，叶背面可产生白色稀疏的霉层，病斑连片时，可造成大白菜叶片变黄枯死	发病初期开始喷药，70% 代森锰锌 500 倍液，每亩每次 50 千克，在发病期间喷施 1.5 亿活孢子 / 克木霉菌 200 ~ 300 倍液，也可喷施 2.2% 霜霉威盐酸盐 600 ~ 800 倍液	每 7 ~ 10 天防治 1 次，连续防治 2 ~ 3 次，当出现阴雨天时应隔 5 ~ 7 天后再继续喷药 2 ~ 4 次
病毒病	包括芜菁花叶病毒、烟草花叶病毒和黄瓜花叶病毒等病毒病害。幼苗受害，其心叶叶脉透明，后逐渐形成花叶；成株期受害，植株停止生长，不能包心，叶背的主侧脉上产生许多褐色坏死的斑点或条斑。感病的植株根系不发达，须根较少，根部剖视切面呈黄褐色	40% 三乙膦酸铝可湿性粉剂 150 ~ 200 倍液，或 72.2% 霜霉威 600 ~ 800 倍液	每 7 ~ 10 天防治 1 次，连续防治 2 ~ 3 次，在收获前 1 周停止用药
黑斑病	发生部位为外叶，叶片上呈小黑点，随病斑逐渐扩大，可形成黑褐色的同心轮纹,在病斑周围有时可出现 2 ~ 6 厘米黄色的晕纹,当从叶边缘发病时,可形成褐色至黑褐色的同心轮纹。发病后期,病斑会合出现叶穿孔或破裂。植株下部分叶片常发病严重，后逐渐发展至上部叶片，最终导致植株枯死	发病初期可用 50% 异菌脲可湿性粉剂兑水配置 800 倍液，或 50% 腐霉利可湿性粉剂 1000 倍液等	每 7 ~ 10 天防治 1 次，连续防治 2 ~ 3 次，在收获前 1 周停止用药
黑腐病	发病初期白叶缘产生黄色的斑块，后转变为“V”字形向内发展，叶脉变黑并呈网纹状，最后叶片变黄干枯。严重时其病菌可沿叶脉、维管束向短缩茎和根部发展，最后使植株枯死。苗期发病子叶呈水浸状，根髓变黑、腐烂	初期可喷施 1：1：250 ~ 300 波尔多液，或 2 % 春雷霉素（加收米）液剂 140 ~ 170 毫升 / 亩，或 2% 农抗（嘧啶核苷类抗生素）80 倍液	喷施时隔 7 ~ 10 天喷施 1 次，连续喷 3 ~ 4 次

续表

病害名称	发病症状	药品名称及配方	施用方法
根肿病	从幼根或伤口侵入寄主，可随雨水、灌溉水和农具等进行传播。干旱年发病较少，在酸性土壤中发病率较高。感染地块发病可持续 8 ~ 12 年	选用 500 克 / 升氟啶胺悬浮剂（福帅得），移栽时随定根水施用，按 5000 倍稀释。另外，移栽后 10 ~ 15 天，用 20% 氰霜唑悬浮剂喷淋根茎基部，按 1000 倍稀释	每 7 ~ 10 天防治 1 次，连续防治 2 ~ 3 次，在收获前 1 周停止用药

（二）主要虫害

大白菜的主要虫害有蚜虫、小菜蛾、菜青虫、黄曲条跳甲和小地老虎等，其主要虫害发病症状和防控方法见下图、下表。

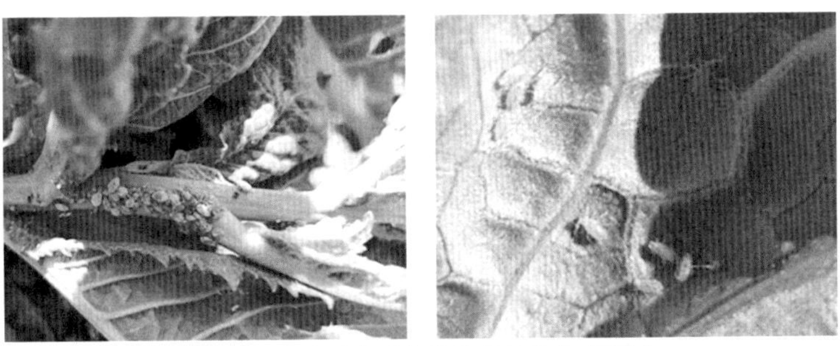

图 2-7　蚜虫（贵州大学蔬菜研究院 供图）

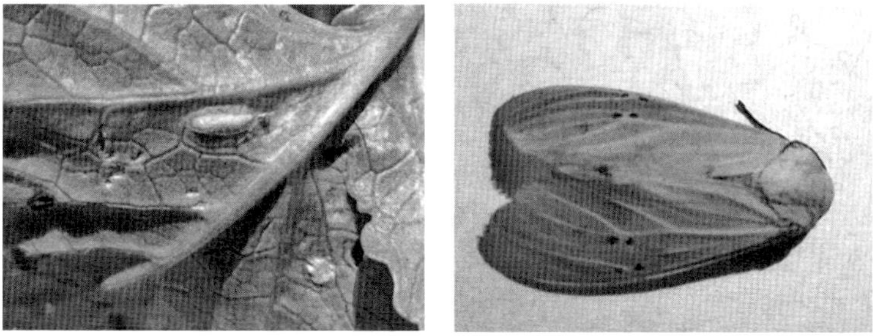

图 2-8　小菜蛾（贵州大学蔬菜研究院 供图）

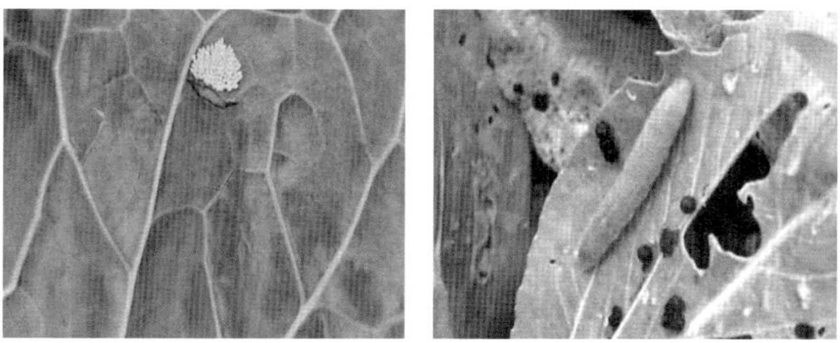

图 2-9　菜青虫（贵州大学蔬菜研究院 供图）

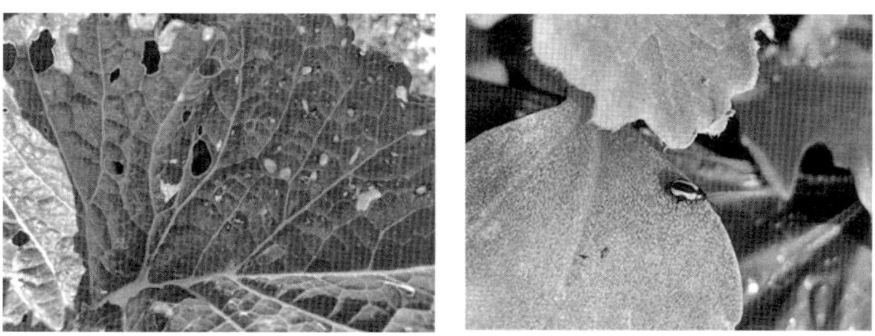

图 2-10　黄曲条跳甲（贵州大学蔬菜研究院 供图）

图 2-11 小地老虎（贵州大学蔬菜研究院 供图）

表 2-5 大白菜主要虫害、发病症状及防控方法

虫害名称	发病症状	药品名称及配方	施用方法	其他防控方法
蚜虫	集中于寄主的嫩叶背面、嫩茎或嫩尖上刺吸汁液，受害部位呈取食小斑点，造成叶片卷缩。取食严重时可导致植株萎蔫直至枯死	喷施 10 倍石灰水预防蚜虫。虫害发生时喷施 1.8% 阿维菌素或 40% 溴酰噻虫嗪加 2% 阿维菌素乳油 4000 ~ 6000 倍液	每次间隔 7 ~ 10 天，用药次数为 2 ~ 3 次	农艺防控：避免周年连作，清洁田园 天敌防控：每亩投 200 ~ 250 头瓢虫成虫和 500 头食蚜瘿蚊、草蛉等
小菜蛾	初龄幼虫蛀食幼苗叶心吐丝结网造成危害，影响菜苗生长发育，重者致幼苗干枯死亡造成缺苗断垄	用 3% 苦参碱、100 亿孢子 / 毫升短稳杆菌悬浮剂 800 倍液，或 1% 苦皮藤素水乳剂 750 倍液进行防治	注意交替使用或混合配用，保证 7 天左右间隔期，以减缓抗药性的产生	灯光诱杀：使用杀虫灯，诱杀成虫 性诱剂诱杀：可结合糖醋液每亩挂 6 个性信息素诱器，在盛夏时每周更换 1 次诱芯，诱器中加入少量洗衣粉水

续表

虫害名称	发病症状	药品名称及配方	施用方法	其他防控方法
菜青虫	啃食叶肉，留下透明表皮，形成“天窗”，之后食叶片形成孔洞或缺刻，严重时叶片可被吃光。苗期严重则整株死亡，轻则影响包心	用 20% 吡虫灵 8000 倍液和 5% 甲维盐乳油 2000 倍液喷施	一般喷施 2 ~ 3 次，注意 7 ~ 10 天间隔期。应交替使用，避免产生抗药性。注意下雨天前不能用药	农艺防控：同上 天敌防控：可释放广赤眼蜂等昆虫
黄曲条跳甲	以叶片为食，同时也可危害茄果类、豆类和瓜类等蔬菜	喷施 25% 甲维·虫酰肼，或 20% 甲维·茚虫威，或 5% 氯虫苯甲酰胺（悬浮剂），或 10% 溴氰虫酰胺	喷药期间注意 3 ~ 7 天间隔期，交替喷施	农艺防控：同上 灯光诱杀：同上 性诱剂诱杀：同上
小地老虎	对幼苗的危害较大，食根部，轻则造成缺苗断垄，重则毁种重播	幼虫防治：用 50% 辛硫磷 0.1 千克兑水 2.0 ~ 2.5 千克喷洒在切好的 100 千克草料上，诱集小地老虎幼虫取食毒杀 药剂防治：夜晚在作物的根系周围用 0.6% 苦参碱水剂进行喷雾	一般喷施 2 ~ 3 次，注意 7 ~ 10 天间隔期。应交替使用，避免产生抗药性。注意下雨天前不能用药	农艺防控：重点清理作物根部，及时清理虫体。休耕期进行土壤翻晒、土壤石灰消毒、地膜覆盖、冬季灌冻水等措施 天敌防控：可在虫害爆发前期向田间释放广腹螳螂、广赤眼蜂、螟蛉绒茧蜂等天敌

注：防控方法参考《贵州省 2020 年特色作物病虫害绿色防控与统防统治融合示范项目实施方案》。

六、适时采收

严格按照农药安全间隔期适时采收。一般于清晨进行采收，工具应无污染、清洁卫生，做到单收、单放。采后削去根部，适度去除没有食用价值的边外叶，严禁用工业和生活废水清洗。充分预冷后，在下半夜进行冷链运输。

第二节 菜豆高效栽培管理关键技术

一、适宜品种的选择

（一）蔓生型品种

蔓生菜豆（架豆），属于无限生长类型的品种。主蔓长 2 ~ 3 米，节间较长，攀缘生长，陆续开花结荚，成熟较晚，产量高。蔓生型品种选择见表 2-6。

表 2-6 蔓生型菜豆品种特性

品种名	泰国无筋豆	春秋架豆王	双青 12 号	贵阳青棒豆
熟性	早中熟，58 天左右	早熟，50 天左右	早中熟，60 天左右	早中熟，60 天左右
特性	叶片肥大且叶色较深，花呈白色	丰产，荚呈浅绿色，圆形，无角质膜，口感好	植株耐涝，适应性广，生长势强，叶片呈深绿色	结荚部位低，嫩荚肉质厚且细嫩，白绿色
亩产量	2000 千克左右	2000 千克左右	1800 ~ 2000 千克	1900 千克左右

图 2-12　蔓生型菜豆（贵州大学蔬菜研究院 供图）

（二）矮生型品种

矮生菜豆相对于蔓生菜豆有生长周期短、方便管理、省架材、适于标准化管理等优点，既能在蔬菜区规模种植，也适合在粮食产区及经济作物种植区进行间套作。矮生型品种选择见表 2-7。

表 2-7　矮生型菜豆品种特性

品种名	优胜者菜豆	美国供给者	冀芸豆 2 号	81-6 矮生菜豆
熟性	早中熟，60 天左右	早熟，55 天左右	早熟，50 天左右	早熟，48 天左右
特性	成株高 39 厘米左右，嫩荚棍棒形，抗病能力强	生长能力强，主茎有 3 ~ 5 个分枝，单荚重约 8 克	株高 36 厘米左右，植株生长能力强，嫩荚呈绿色，形状扁圆，单荚重 10 ~ 12 克	质量优、纤维含量低，荚果圆棍形，单荚重 8 克左右
亩产量	1000 千克左右	1000 ~ 1500 千克	1250 ~ 1500 千克	1400 千克左右

图 2-13　矮生型菜豆（贵州大学蔬菜研究院 供图）

二、环境条件的要求

（一）温度

菜豆喜温暖怕热怕冷，20 ～ 30℃是发芽最适温度，高于或低于该区间温度则发芽不良，10℃以下或 40℃以上无法发芽。幼苗植株对温度的变化敏感，生长适宜温度为 15 ～ 30℃，超过 30℃则难以授粉结荚，短期 2 ～ 3℃低温会使叶片失绿，0℃以下会引起菜豆冻害。

（二）光照

菜豆属短日照植物，某些品种对光周期敏感，某些为光周期中度敏感型，部分品种对光周期不敏感，可根据实际需要选择适宜品种。

（三）水分

菜豆的根系较耐旱而不耐涝。田间持水量在 60% ~ 70% 为宜，空气相对湿度最为适宜在 65% ~ 80%。

（四）土壤和营养

菜豆最适宜在土层深厚、松软、腐殖质多、排水良好的土壤中栽培。不宜在低湿地和重黏土中栽培。栽培适宜的 pH 值为 6 ~ 7，过酸或过碱都不利于其生长。菜豆对氮、钾吸收多，磷较少，生长期对钙肥有一定需求。

三、栽培季节与茬口安排

（一）栽培季节

贵州栽培要避开两头低温，春季栽培要避免早春的倒春寒和晚霜的出现；菜豆容易受霜冻，又不耐高温，所以秋季栽培要避开炎热时期。一般来说，菜豆以一年两熟（春播夏收、夏播秋收）栽培为主，最佳播种期为 3 月上旬至 5 月上旬，第二熟为 6 月中旬至 7 月中旬。在贵州省，大部分地区的正季栽培时间为惊蛰节气（3 月 5 日左右）过后露地直播。

除了正季栽培外，根据各地区海拔差异还可进行错季栽培，以保证菜豆的连续供应。低热河谷地区，如罗甸、望谟、册亨、关岭等，可进行冬春栽培，该季节宜采用深窝地膜直播的方式。中海拔地区可进行夏秋栽培。

表 2–8　贵州省菜豆错季栽培播种时间表

冬春栽培			
1 月气温	9℃以上	7.8~8.9℃	6~7.7℃
播种时间	1 月中旬	1 月下旬	2 月初 ~2 月上旬
夏秋栽培			
平均海拔	900~1200 米	1200~1400 米	1400~1800 米
播种时间	6 月下旬至 7 月下旬	6 月下旬至 7 月中旬	6 月中旬至 6 月底
秋冬栽培			
海拔和均温	400 米以下或 19.6℃	580 米或 18.3℃	11 月不低于 14.4℃
播种时间	10 月播种		

（二）茬口安排

为了减少药、肥使用，一般以其他蔬菜与菜豆的轮作或间作栽培为主，不推荐连作模式。菜豆可与十字花科、食用菌、辣椒、玉米和棉花等作物进行轮作或间作，还可与烤烟和玉米等作物进行套作。为预防前作遗留在土壤中的病害传染，播种前应进行土壤和种子消毒处理。菜豆第二茬到 7 月中下旬种植时，由于分枝能力显著低于上一茬，应适当提高播种密度。

四、栽培技术

（一）选地

选择排灌方便、背风向阳、耕作层深厚、保水保肥强、透气性好的地块种植，这样有利于根系生长和过量根瘤菌的产生，能明显降低病害的发生率和断蔓、落花、落荚及风疤豆等现象。

（二）土壤消毒、调理、整地和施底肥

1. 土壤消毒。当土地发生病害后，撒施 100 千克生石灰进行翻耕混匀，或采用水旱轮作，减少土传病害。低热河谷地区可在气温较高季节施用生石灰后，灌水浸润土壤，覆盖黑色地膜 14 天左右，达到土壤消毒、闷杀地下害虫和除草的效果。

图 2-14　施用生石灰进行土壤消毒（贵州大学蔬菜研究院 供图）

图 2-15　覆盖黑色地膜进行土壤消毒、除草（贵州大学蔬菜研究院 供图）

2. 土壤调理。土壤生态失调和土壤结构不良可使用土壤调理剂处理。土壤调理剂和用法同大白菜管理办法一样，配合底、基肥一起施用能够有效地促进土壤团粒结构的形成。

图 2-16　土壤调理剂（贵州大学蔬菜研究院 供图）

3. 整地。前茬采收后应及时整地，深耕碎土耙平，做成深沟、高厢。厢宽 75 ~ 80 厘米，沟宽 35 ~ 40 厘米，沟深 10 ~ 20 厘米，每厢种 2 行。

4. 施底肥。每亩施腐熟有机肥 2000 ~ 2500 千克，加复合肥 40 千克或过磷酸钙 50 千克、硫酸钾 40 千克。酸性重的土壤适量施入石灰调整其酸碱度。

（三）种子消毒

种子消毒可选用温汤浸种和药剂消毒。消毒方式同大白菜种子消毒操作方法一样。如遇重大病害，需与非豆科作物实行 3 年以上轮作。

（四）种子直播

筛选优良种子，以保证出芽率、产量和品质。播种后，应盖地膜保水抗旱、增温抗寒。盖膜前应沿播种沟浇透水，保持土壤水分。种植可按行距 43 ~ 50 厘米，株距 30 ~ 33 厘米进行点播，每穴播种 3 ~ 4 粒，一般用种 2 ~ 3 千克。出苗后及时间苗。一定的枝蔓数量是秋季栽培确保高产的基础，应适当提高播种密度，每穴出苗 2 株，每亩约 6000 株。

图 2-17　种子机械直播，出苗后每穴留两株（贵州大学蔬菜研究院 供图）

（五）育苗移栽

根据栽培季节不同，选用温室大棚和小拱棚等防寒设施，采用穴盘或营养钵护根育苗。注意做好棚室清洁和消毒，及时清除带病虫苗和其他杂物，统一带出棚外集中掩埋，掩埋深度 45 厘米以上。利用高温闷棚，可显著减少苗期病害的发生。营养土要求透水透气、保肥保水，提前高温消毒。

育苗基质配制比例为 4 份菜园土，4 份腐熟有机肥，2 份珍珠岩或蛭石，拌匀后喷水，保持 60% ~ 65% 含水量，装盘备用。将挑选过的种子点播于营养钵（穴盘）中，每钵（穴）2 ~ 3 粒。播种后浇透水，覆盖地膜保温保湿。幼苗移栽，每亩栽培面积用种量一般为 2 ~ 2.5 千克。

图 2-18　菜豆育苗（贵州大学蔬菜研究院 供图）

（六）苗期管理

播种后应保持25℃左右的温度；出苗后白天温度保持20～25℃，夜间温度保持13～15℃。及时揭开地膜，并撒一层薄薄的细土在穴盘（营养钵）中，填满因发芽散失的营养土。第一片真叶展开至定植前一周，白天温度保持18～22℃，夜间温度保持10～13℃；定植前一周低温炼苗，白天温度保持16～18℃，夜间温度保持6～10℃。

（七）移栽管理

采用穴盘（营养钵）育苗，当苗两叶一心时移栽。

图 2-19　菜豆苗两叶一心期（贵州大学蔬菜研究院 供图）

（八）田间管理

1. 引苗和间苗。一般下播后 7 ~ 10 天开始出苗。去弱留强是间苗的原则，做好间苗工作，一般每穴留健壮苗 2 株。如果是集约化育苗，移栽应选取壮苗带土移栽，晴天或傍晚时进行，栽后及时浇水。

2. 蔓生菜豆的搭架和引蔓。蔓生菜豆一般长至 20 厘米时就可搭架，宜在下午进行。每一窝都要用一根架子（架子应不低于 2.5 米）与对面架子搭成“人”字架，中间用横杆固定。人工引蔓时，使茎蔓最大程度均匀分布在支架上，不让花序及豆荚被茎蔓缠绕。

图 2-20　菜豆的搭架（贵州大学蔬菜研究院 供图）

3. 除草。全程禁用除草剂，一般使用人工手动或机械除草，可在高温休耕期选择浸润土壤后覆盖黑色地膜 14 天的除草方法。

图 2-21　菜豆人工除草（贵州大学蔬菜研究院 供图）

4. 水肥管理。遵循干花湿荚、前控后促、花前少施、花后多施、结荚期重施的原则。灌溉：由于菜豆植株进入坐荚期后，植株需要大量的水分和养分，浇水应结合追肥同步进行。可采用沟灌，不灌过夜水，雨天注意排水。追肥：追肥应结合中耕除草进行，一般追肥 3 ~ 6 次。第一次在苗期，施腐熟有机肥，氮肥应少量施入，也可用 0.5% 的磷酸二氢钾液和 0.5% 的尿素液混合作根外追肥；结荚以后加大追肥量，每隔 10 天追施 1 次氮、磷、钾齐全的肥料，追 3 ~ 5 次。

5. 摘叶打顶。菜豆植株长满架时要及时打顶，促发侧枝的生长，同时要及时清除老叶和病叶。

6. 保护花柄。采摘豆荚时尽量不要碰伤或采坏花柄，否则不能分化花芽，减少产量。

7. 护花护果。通常开花前 8 ~ 10 天可喷施芸薹素，防高温落花落果，开花后叶面喷施 0.1% 硼砂或 0.03% 钼酸铵，连续 2 ~ 3 次。喷施时要将叶片正反面都喷到，但要注意施钼肥不宜过量，也不要在同一田里连年施用，植株容易钼中毒。

五、病虫害绿色防控

（一）病害防治

菜豆主要病害有根腐病、锈病、炭疽病、细菌性疫病、病毒病、灰霉病、菌核病和白粉病等，具体发病特征及防治方法见下图、下表。

图 2-22　菜豆锈病（贵州大学蔬菜研究院 供图）

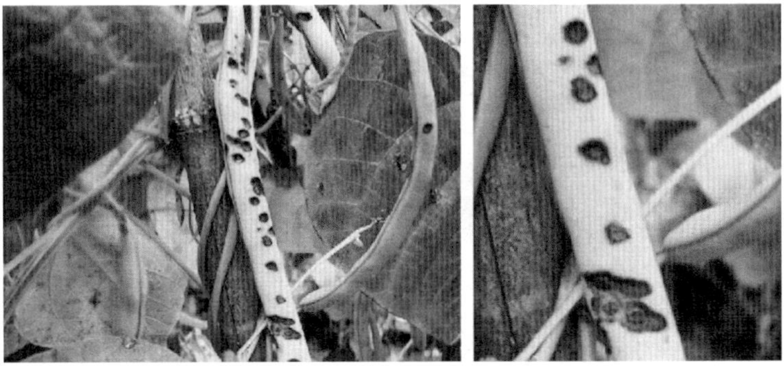

图 2-23　菜豆炭疽病

图 2-24　菜豆细菌性疫病（贵州大学蔬菜研究院 供图）

图 2-25　菜豆病毒病（贵州大学蔬菜研究院 供图）

图 2-26　菜豆白粉病（贵州大学蔬菜研究院 供图）

表 2-9　菜豆的主要病害及防治方法

病害名称	农艺防治	物理防治	生物防治
根腐病	低凹地或易积水的地块采用起高厢、开深沟种植。施用充分腐熟的农家肥，加强中耕除草	发生初期，用 20% 甲基立枯磷乳油 1000 倍液，或 70% 甲基硫菌灵可湿性粉剂 800 倍液等药剂灌根，每株（穴）灌药液 250 毫升，每 10 ~ 15 天灌 1 次，连灌 2 ~ 3 次。70% 甲基硫菌灵可湿性粉剂 800 ~ 1000 倍液，或 70% 代森锌可湿性粉剂 1000 倍液，或 50% 异菌脲可湿性粉剂 1000 倍液等药剂，交替用药，每 7 ~ 10 天喷 1 次，连喷 2 ~ 3 次	在播种前使用 2% 宁南霉素水剂进行拌种。于发病初期，可选用 5% 大蒜素微乳剂、10 亿芽孢 / 克枯草芽孢杆菌可湿性粉剂进行灌根
锈病	选择抗性品种，对种子进行严格的消毒，安排适宜的株行距，加强行间通风透光	使用 40% 腈菌唑可湿性粉剂进行喷雾防治，每隔 7~10 天喷药 1 次，连喷 1~3 次，或使用异菌脲每 7~10 天喷药 1 次，连续 3~4 次	在病害发生前或发病初期，交替选用 2% 嘧啶核苷类抗生素水剂、1000 亿芽孢 / 克枯草芽孢杆菌可湿性粉剂等药剂进行喷雾防治，每 7 ~ 10 天喷药 1 次，连续喷施 2 ~ 3 次

续表

病害名称	农艺防治	物理防治	生物防治
炭疽病	选用抗性品种，严格对种子进行消毒处理，合理安排株行距，加强行间通风	发病初期时，可选用60%代森联·吡唑醚菌酯水分散粒剂或22.5%啶氧菌酯悬浮剂等杀菌剂进行交替喷雾防治，每隔7～10天喷施1次，连施1～3次	发病初期，可选用10亿cfu/g多粘类芽孢杆菌可湿性粉剂、1.5%苦参·蛇床素水剂进行交替喷雾防治，每隔7～10天喷施1次，连续喷施2～3次
细菌性疫病	选用抗性品种，严格进行种子消毒，防止种子带菌	发病初期，可选用50%氟啶胺悬浮剂或80%代森锰锌可湿性粉剂等药剂进行喷雾防治，每隔7～10天喷施1次，连施1～3次	于发病前，用5%氨基寡糖素水剂等药剂进行喷施，视病情可每隔5~7天喷施1次
病毒病	病毒可通过白粉虱、蚜虫等昆虫传播到寄主植物上，在防病的同时也要防虫	此病应以预防为主，防控好蚜虫、蓟马、白粉虱危害，切断传播途径是关键。发现单株病害立即拔除，并喷施宁南霉素或氨基寡糖素+吡蚜酮或噻虫嗪2~3次，7天1次，钝化病毒，以防蔓延	防虫可选用1.5%苦参碱可溶液剂或3%甲氨基阿维菌素苯甲酸盐微乳剂等喷雾防治。每隔7～10天喷施1次，连续喷施2～3次
灰霉病	选用抗性品种，严格对种子进行消毒处理，加强行间通风	发病初期，交替选用40%咯菌腈·异菌脲悬浮剂、50%异菌脲水分散粒剂等药剂进行喷雾防治，每隔7～10天喷药1次，需连续喷施1～2次	发病初期，选用10%多抗霉素可湿性粉剂等药剂进行喷雾防治，每隔3～5天喷施1次，连续喷施2～3次
菌核病	实行轮作；合理密植；改善通风透光条件；注意排水；控制氮肥施用	发病前或发病初见零星病斑时，可选用50%啶酰菌胺水分散粒剂等药剂，连续施药3次以上，每次间隔7～10天	发病始期及时喷施农药防治，药剂可选用30%醚菌酯水剂1200倍液，或者50%啶酰菌胺1000倍液等叶面喷施。视病情发展，确定喷药次数

续表

病害名称	农艺防治	物理防治	生物防治
白粉病	选用抗性品种，对种子进行严格的消毒处理，并合理安排株行距，加强行间通风	发病初期，选用40%甲基硫菌灵·噻唑锌悬浮剂、8%苯醚甲环唑醚菌酯热雾剂、30%肟菌酯·戊唑醇悬浮剂等药剂进行防控，每隔7～10天喷药1次，连续喷药2～3次	发病前或发病初期施药，可交替选用1000亿芽孢/克枯草芽孢杆菌可湿性粉剂、2%苦参碱水剂等药剂进行喷施，每隔7天施药1次，连施2~3次

（二）虫害防治

菜豆虫害主要有豆荚斑螟、豆野螟、潜叶蝇、蚜虫和蓟马等，其主要发病特征和防治方法见下图、下表。

图 2-27　菜豆潜叶蝇虫害（贵州大学蔬菜研究院 供图）

图 2-28　蚜虫（贵州大学蔬菜研究院 供图）

表 2-10　菜豆主要虫害、危害方式及防治方法

虫害名称	危害方式	防治方法
豆野螟	以幼虫危害为主，1 ~ 2 龄幼虫主要危害花，2 龄后危害豆荚，4 ~ 5 龄幼虫主要危害豆荚。高温潮湿区域豆野螟危害十分严重，高温干燥区域豆荚斑螟会大肆出现	在低龄幼虫盛期，可选用 30% 茚虫威水分散粒剂（6 ~ 9 克 / 亩）、10% 溴氰虫酰胺可分散油悬浮剂（14 ~ 18 毫升 / 亩）、50 克 / 升虱螨脲乳油（40 ~ 50 毫升）、5% 氯虫苯甲酰胺悬浮剂（30 ~ 60 毫升 / 亩）等药剂，每隔 7 ~ 10 天施药 1 次，需连施 2 ~ 3 次
蚜虫	蚜虫主要是以成虫和若虫在植株的叶片背面和嫩梢、嫩茎的部位吸食植株的汁液，导致叶片卷缩，生长缓慢或者停滞，严重时全株萎蔫以至死亡	及时清理田间的残枝落叶，减少越冬虫卵，发现大量蚜虫时，及时喷施 40% 吡虫啉水溶剂 2000 倍液
蓟马	蓟马成虫、若虫均以锉吸式口器吸食汁液，叶受害，会产生很多灰白色小斑点，严重时叶片出现枯黄、扭曲的症状	用 5% 吡虫啉乳油 1500 ~ 2000 倍液、1.8% 阿维菌素 4000 ~ 5000 倍液、10% 甲氰菊酯乳油 1000 ~ 1500 倍液喷雾

注：防控方法参考《贵州省 2020 年特色作物病虫害绿色防控与统防统治融合示范项目实施方案》。

六、适时采收

在塑料薄膜大棚内种植菜豆，在定植后 35 ~ 45 天进行采收嫩豆荚，采收期为 40 ~ 50 天。另外品种的菜豆一般在开花现荚的 10 天后开始进行采收，主要在豆荚成熟（豆粒长成圆形，荚内种子不明显）时进行采收，若采收过迟则造成豆荚过熟、纤维过多，影响产量和品质。在盛荚期，一般每天或隔 1 天采收 1 次，其余则一般每隔 3 ~ 4 天采收 1 次。

第三节 佛手瓜高效栽培管理关键技术

佛手瓜为葫芦科、佛手瓜属、宿根性多年生攀援特色瓜菜，因其果实外形犹如佛手双掌合十而得名，寓意佛教之福，俗称拳头瓜、合掌瓜、万年瓜、掌瓜、捧瓜、香洋瓜、寿瓜、丰收瓜等。原产墨西哥和中、南美洲，19 世纪传入我国，多分布于热带和亚热带地区，喜温热，不耐寒，基本不受土壤类型限制，在贵州、云南、广东、福建、广西、四川、浙江、山东、山西、台湾等地广泛种植，可做多年生蔬菜栽培。其植株根系发达，耐肥水，适应广，管理简单，抗病能力强，病虫害少，基本不用或少用农药，是高产无公害绿色菜品。单株结瓜数多，产量高，果实致密，产品耐储运。果肉嫩脆，营养丰富，风味佳，绿色安全，富含碳水化合物、蛋白质、脂肪、维生素 C、维生素 B_1、维生素 B_2、胡萝卜素、氨基酸、膳食纤维等有益成分，还含有钾、钙、锌、铁、镁、硒及其他微量元素。常食佛手瓜低热低钠，可促进消化、清理血管、降压减脂、利肺止咳、和胃止痛、疏肝理气、降糖利尿等，对高血压、糖尿病、心脏病等有舒缓保健效果，可增强人体抵抗力。其以嫩瓜食用为主，适宜炒菜、凉拌、生食、烧汤、做馅、做面条及饮品加工等；其新梢、嫩叶及卷须也可食用，俗称龙须菜，味鲜脆嫩，多汁爽口，为大众所喜爱；地下块根也可食用，做法与马铃薯相似。近年来，佛手瓜在化学成分、药理作用与开发应用等方面取得了重要进展。佛手瓜作为保健蔬果，易栽培，投资少，受到广大消费者青睐，市场需求不断扩大，发展前景广阔。佛手瓜在南方常作露地栽培，以下着重介绍其育苗方法和高产栽培技术，以供广大农户参考。

图 2-29　佛手瓜（惠水县好花红镇政府 供图）

一、适宜品种的选择

佛手瓜按果实皮色分为绿皮、白皮两种类型。绿皮佛手瓜植株生长势强，分枝多，茎蔓粗壮，瓜蔓长，主侧蔓各节都生雌花，瓜形较长而大，上有硬刺；成熟瓜皮色深绿有光泽，肉质致密，吃味稍淡，品质佳；单株结果多，产量高，地下部可产生块根，中熟，抗病性强。而白皮佛手瓜生长势较弱，瓜蔓较细较短，果形较圆稍小，具不规则棱沟，光滑无刺；成熟瓜皮色白绿，肉质糯性，吃味好，但结果少，产量较低。白皮佛手瓜在市场上较为少见，贵州种植的佛手瓜主要为绿皮佛手瓜。佛手瓜品种可视当地气候条件、水土环境和消费习惯来进行选择和栽培。

二、环境条件的要求

（一）土壤

佛手瓜对土壤类型要求不严格，可在壤土、沙壤土、黏土上生长，以肥沃疏松、土壤结构优良、透水透气性良好的沙壤土为宜。其适生 pH 范围在 5 ~ 7.5。盐碱地栽培时，应增施有机肥进行降碱。佛手瓜因其不耐旱、不耐涝，需选择水源充足、灌排方便、地下水位低、富含有机质、土壤高燥、不积水不淹水的地块。其根系深广，茎蔓分枝多，叶片数众多，光合叶面积大，花果数量多，生育期长，持续大量结瓜，根系对肥水吸收能力极强。单株体量庞大，大田栽培密度很小，单株佛手瓜生长面积很大，需要挖大沟，多施农家粪肥等有机肥。

（二）温度

佛手瓜喜温暖又怕炎热，不耐低温，在年均气温约 20℃、夏季各月平均气温为 25 ～ 28℃下生长较好。果实能在 7 ～ 12℃下生长，但速度慢，当植株周围气温降至 5℃以下时，其地上部受冻枯死。一般早霜来得晚的地区，佛手瓜结瓜长成时段较长，产量也相应较高，地下部可能有块根发生，来年可从宿根长出新苗。如果栽培地夏季温度高于 28℃时，植株越夏较难而不适宜生长。佛手瓜种子发芽的最低温度是 12℃，发芽适温区间 18 ～ 25℃，幼苗期、生长期以 20 ～ 30℃为宜。当气温超过 30℃时，佛手瓜植株生长发育受到抑制，对开花、结瓜产生不利影响，但能忍耐短期 40℃的高温。植株结瓜期适宜昼温 25 ～ 30℃、夜温 18 ～ 20℃，气温低于 15℃或高于 30℃时，开花授粉和瓜条发育将受到影响。

（三）光照

佛手瓜是典型的短日照瓜类蔬菜，开花结果多在夏至后进行、完成。植株生育期间喜中等偏上光强，强光不利于植株的生长。佛手瓜在瓜类蔬菜中最为耐阴，该需光特性顺应了贵州地区寡日照情形，也使其适合于设施栽培。因此，佛手瓜在贵州产区的生长、采收时期可延后至深秋，大多数瓜类蔬菜已拉秧，而佛手瓜因其耐阴仍可结瓜及采收。如采用大棚栽培佛手瓜，可对其光照进行调节，进一步提升佛手瓜产量。

（四）水分

佛手瓜最怕干旱，也不耐涝。植株栽培过程中，对水分的需求量较大，既要保证植株生育期间充足的水分供应，长期保持土壤湿润，又要防止田间积水形成的渍涝。佛手瓜生育期间空气不能太干燥，应保持较高的湿度，才能使其正常生长发育。佛手瓜在雨量充沛、湿度适宜的地区生长发育较好，在雨量稀少、空气干燥地区生长较差。生产上做到小水勤浇，保持土壤水分，提高空气湿度，以促进佛手瓜果实的生长发育，特别在炎热夏季要使其保有充足水分来安全越夏。佛手瓜栽培占地时间长，要选择自然降雨充足、土层保水性强、灌排条件良好的地块进行种植。

（五）矿质营养

佛手瓜生育周期长，多发枝蔓，根系广布，叶片众多，单株开花结瓜多，生物产量和经济产量均高，因此整个生育期对肥料的需求量较大。据研究，每生产 1000 千克佛手瓜果实，植株需吸收速效氮 4.1 ~ 4.3 千克，五氧化二磷 2.2 ~ 2.5 千克，氧化钾 5.5 ~ 5.7 千克，同期还需提供钙、镁、硫、锌、铁、铜等微量元素。佛手瓜在不同生长时期，其需肥种类和数量不同。在幼苗期、茎蔓生长期，植株所需氮、磷和钾均衡供应，使其整体生长健壮。若过多施用氮肥，则会使其植株徒长，茎蔓过多发生，枝叶贪青，易造成延迟开花，不利于获得高产稳产。植株进入结瓜期后，属营养生长与生殖生长并进期，枝蔓叶片的生长与开花结实的养分争夺突出，应保障养分供应，加大肥料施用量。

三、栽培管理技术

（一）种植季节

贵州地处长江中下游地区，佛手瓜一般可在早春 2 ~ 3 月设施播种，4 月进行移栽，6 ~ 8 月植株发生大量分枝，长蔓长叶，开花结果，进入 9 月便陆续采收产品，直至霜冻来临。当年播种，当年收获，多进行一年生栽培，也可在冬季保护地下部形成块状宿根，进行多年生种植。佛手瓜是藤蔓性瓜菜，可在大田种植，每亩 25 ~ 30 株，单株不断分枝长蔓，可布满 30 ~ 50 平方米架面，可结瓜 200 ~ 300 个，株均产量 80 ~ 160 千克，亩产量可达 4000 ~ 5000 千克。房前屋后及庭院道旁也可进行种植，特别适合于山区缓坡地、喀斯特石漠化地块发展种植，庭院可据面积大小灵活安排，最好种植两株以上，以促使其形成大量枝叶和花果。佛手瓜还可在贵州南部边缘低热地区棚室中进行越冬栽培。由于佛手瓜多进行搭架栽培，其瓜架下空地较多，属低弱光环境，可间套作食用菌、叶菜等，以便充分利用土地，实行立体高效种植模式，增加复种指数，提高土地单位面积收益。

（二）选地整地

佛手瓜单株分蔓长叶、开花结瓜能力很强，除成片栽培，也可选择房前屋后、零星隙地等进行种植。成片规模化种植，可选地势开阔平坦、土壤深厚肥沃、通风透光、水源充足的地块。早春移栽幼苗前，按 4 米 ×4 米的株行距，确定种植点后，深翻土壤，挖直径 1 ~ 1.2 米、深 40 ~ 60 厘米种植坑，将草木灰、农家肥和复合肥等与挖出的土壤混合后回填坑穴中并压实，每个坑穴施入腐熟农家肥 20 ~ 25 千克作底肥。地势低洼易积水的地块，需把土壤堆起来，做成 1 平方米小土堆，堆中埋入基肥，以提供幼苗移栽后生长所需养分。

图 2-30　选地整地（惠水县好花红镇政府　供图）

（三）播种育苗

种瓜选用具该品种特征特性，瓜身硕大肥壮，单瓜重 250 ~ 300 克，瓜形匀称者，其表皮光亮滑润，蜡质多，色绿黄，茸毛不明显，芽眼下陷，纹理清晰，无冻伤外伤。种瓜采自生长健壮、高产、无病植株，且处于适收中期，瓜龄 25 ~ 30 天，已发芽或芽眼微突起的充分成熟果实。

1. 种瓜繁殖。即用佛手瓜果实作种直接繁殖。种瓜发芽率多在 60% ~ 80%，需在种植前催芽育苗，以提高播种成苗率。（1）催芽。挑选健硕、无病无伤的种瓜，用刀在其顶端合缝处切口，装入塑料袋后，码放到筐中。也可在筐底铺 3 厘米厚河沙，摆放种瓜后，再覆盖 3 厘米厚河沙，之后放到 15 ~ 20℃环境下进行催芽。催芽期间因幼芽纤弱，催芽温度不宜过高。约 15 天后种瓜由顶端合缝处裂开而长出根系，待子叶张开后，便进入育苗阶段。（2）育苗。把肥沃洁净园田土与细沙按 1 ∶ 1 混合均匀，加水使育苗基质潮湿而不粘手，将发芽种瓜芽端朝下直立或斜立于塑料桶或花盆中，上盖4 ~ 6厘米厚混合土，置于20 ~ 25℃棚室中继续育苗。为防烂瓜，要严格控制浇水，不浇水或特干时少量浇水。若幼苗徒长，可在4 ~ 5片叶时摘心，促使其发生侧枝（保留 2 ~ 3 个健壮侧枝）；还可通过给育苗设施保温、增加光照和提高地温来促使弱苗转壮。

图 2-31　种瓜育苗（惠水县好花红镇政府　供图）

2. 裸种繁殖。即光胚繁殖，将刚成熟开裂的佛手瓜去掉果肉和种皮，直接用无种皮的裸种子进行幼苗繁殖。去除的果肉可食用、可销售。当胚轴上长出少许细根时，一手拿瓜，另一手持刀，用刀顺着合缝线由上至下割，拿瓜的手指嵌入开口处，缓慢撑开约 2 厘米，再用刀轻拨光胚子叶，使其完整脱离瓜体。采用裸种育苗方式，应适当提高育苗基质肥分，可按 2 ∶ 1 ∶ 1 将肥沃园土、河沙、腐熟农家肥混匀，加水使其含水量达到约 14%，握之成团，落地散开。将裸种芽朝上栽入营养钵中，放入棚室进行育苗。出苗温度控制在 15 ~ 20℃，基质相对湿度 70% ~ 80%，保证光照充足。

（四）搭建棚架

佛手瓜侧蔓发生多，枝叶茂盛，生长量很大，开花结瓜众多，生育期长，为改善植株通风透光条件，促进植株更好生长和更多结瓜，应进行搭架和整蔓，引蔓上架。搭架多为棚架，应先埋好立柱，再搭架。立柱可选水泥柱或长 2.2 ~ 2.5 米、粗 8 ~ 10 厘米木棍或竹竿，柱间距 4 ~ 5 米。在距离地面约 2 米处，拉横向铁丝，将相邻立柱彼此连接，再在铁丝上垂直固定细竹竿等，使得棚架结实牢固。每亩使用水泥柱 200 根，或使用木棍、竹竿 400 根。

图 2-32　搭建棚架（惠水县好花红镇政府　供图）

（五）适时移栽

佛手瓜幼苗可在断霜后进行定植，多选在清明后移栽。幼苗应选择 4 叶 1 心或 5 叶 1 心、株高 12 ~ 16 厘米、茎粗 4 ~ 5 毫米、叶色深绿、根多且白、无病虫害且 2 片子叶完好的壮苗。如果采用塑料小拱棚进行简易设施栽培，可适当提早移栽期 10 ~ 15 天。平地大面积集中栽培时，应选用土壤肥沃、灌排方便、通风透光的地块，采用半架栽培或全架栽培等方式。肥沃地块每亩种植 25 ~ 35 株，肥力差的地块可种 20 ~ 25 株。庭院内定植时，选择背风向阳处搭架种植。移栽时，将佛手瓜幼苗带土移入定植坑内，铲土入坑，培土压实后，浇定植水，每坑穴定植 2 株，利于植株开花结瓜期授粉。露地定植后若遇倒春寒，可盖塑料小棚，昼揭夜盖，白天增温，夜间防霜，促进缓苗及生长。

图 2-33　出苗待移栽（惠水县好花红镇政府　供图）

（六）整理瓜蔓

当蔓长到 50 ~ 80 厘米时，可用细竹竿或吊绳将瓜蔓引上棚架。佛手瓜结瓜多在子蔓、孙蔓上，为促生孙蔓，应在瓜蔓上架后及时促发侧枝。主蔓应摘心，促使其上发生子蔓，主蔓每节均可产生侧蔓，应选留 2 ~ 3 个健壮子蔓，待子蔓长至约 1 米时及时摘心，每个子蔓再选留孙蔓，及时摘除其余萌芽及植株基部蘖芽，最终植株以保留 3 ~ 5 条茎蔓为好。瓜蔓攀爬力较强，需及时调整位置，使各枝蔓在棚架上分布均匀，减少蔓条间相互缠绕，及时摘掉卷须，将下探枝蔓重新引回架上，保证通风透光良好。生长后期应适当剪除棚架上生长过密的子蔓和孙蔓。

（七）水肥管理

1. 合理浇水。为促使根系深扎，植株生长前期不需多浇水。待佛手瓜植株进入高温季节后，其枝蔓、叶片及根系生长速度加快，耗水量明显增大，须勤浇水多浇水，可在覆膜下浇水，或在根区近地面覆盖 10 ~ 20 厘米稻草等秸秆，浇后可保水保湿。入秋后，植株营养生长与生殖生长并进，开花结果期，雌花授粉后约 10 天，其果实快速生长、膨大，需水量大为增多，应增加浇水次数和浇水量。但佛手瓜忌积水，因此夏季大雨后排水、防渍涝十分重要。

2. 适期追肥。佛手瓜基肥充足，定植后至 6 月以前不用追肥。第一次追肥在 6 月上旬，可在植株周围 30 ~ 40 厘米处开环形沟，每株追施人粪尿 5 ~ 7 千克、过磷酸钙 500 克，或追施复合肥 500 克，施后浇水覆土。第二次追肥在 7 月中旬，第三次追肥在 8 月上旬，第二次和第三次追肥施用量应较第一次增加 1 倍，可在距离植株 60 ~ 65 厘米处施肥覆土。

图 2–34　追肥（惠水县好花红镇政府　供图）

四、病虫害防控

（一）病害防控

佛手瓜病害主要有蔓枯病、炭疽病、黑星病和叶斑病等，其主要病征及防治方法见下表。

表 2–11　佛手瓜的主要病害、病征及防治方法

病害名称	病征	防治方法	药品名称及配方	施用方法
蔓枯病	茎蔓具有褐色长圆形至不规则形病斑，茎蔓死亡，果实萎缩	（1）轮作 （2）药剂防治	50% 甲基硫菌灵可湿性粉剂 800 倍液、36% 甲基硫菌灵悬浮剂 400 ~ 500 倍液等	每隔 7~10 天喷 1 次，连续 2~3 次

续表

病害名称	病征	防治方法	药品名称及配方	施用方法
炭疽病	发病初期，叶片背面出现受叶脉限制的多角形黄色褪绿斑，叶面叶脉间出现黄色褪绿斑	（1）缩短叶面结露时间 （2）药剂防治	用 70% 三乙膦酸铝可湿性粉剂 500 倍液、64% 代森锰锌可湿性粉剂	每隔 7~10 天喷 1 次，连续 2~3 次，在收获前一周停止用药
黑星病	仅叶片染病，病斑大小 1~2 毫米，褐色，圆形或近圆形，四周组织为黄色，病叶不整。病部生长缓慢，后期会出现穿孔，不枯死	（1）控制灌水 （2）药剂防治	70% 代森锰锌可湿性粉剂或 50% 甲基硫菌灵可湿性粉剂 500~600 倍液喷施	连续2~3次，隔 7~ 10 天 1 次
叶斑病	在叶片上产生不规则形或近圆形，直径 3~6 毫米，浅褐色至褐色病斑，边缘明显，叶片上生黑色小粒点	（1）轮作 （2）覆盖地膜 （3）配方施肥技术 （4）药剂防治	70% 代森锰锌可湿性粉剂	采收前 3 天停止用药

（二）虫害防控

佛手瓜虫害主要有红蜘蛛、瓜蚜、白粉虱、瓜绢螟、瓜蓟马和地老虎等，其主要症状和防治方法见下表。

续表

表 2-12 佛手瓜的主要虫害、症状及防治方法

虫害名称	症状	防治方法	药品名称及配方
红蜘蛛	叶片在初期会出现黄白色小点，严重时叶片变黄枯焦，甚至脱落	（1）减少虫源 （2）药剂防治	10% 的甲氨基阿维菌素苯甲酸盐 1500~ 2000 倍液、2.5% 华光霉索可湿性粉剂 400~ 600 倍液等
瓜蚜	危害叶片，使叶片卷缩，瓜苗萎蔫，甚至枯死，缩短结瓜期而造成减产	（1）减少虫源 （2）银灰色防虫网覆盖 （3）药剂防治	10% 吡虫啉可湿性粉剂 1000~2000 倍液、高效氯氰菊酯 3% 乳油 2000 倍液、啶虫脒 3% 乳油 1500~2000 倍液等
白粉虱	叶片呈灰白斑，穿孔和形成缺刻，严重时仅留叶脉，幼瓜腐烂，茎蔓枯死和花的脱落	（1）熏杀棚室内成虫 （2）释放丽蚜小蜂或草蛉生物防治 （3）药剂防治	25% 噻嗪酮可湿性粉剂、70% 吡虫啉水分散剂 1000~15000 倍液、25% 噻虫嗪水分散粒剂 6000~8000 倍液
瓜绢螟	叶片呈灰白斑，穿孔和形成缺刻，严重时仅留叶脉，幼瓜腐烂，茎蔓枯死和花的脱落	（1）减少虫源 （2）杀灭幼虫 （3）药剂防治	清洁田园，瓜果采收后将枯藤落叶收集沤埋或烧毁
瓜蓟马	瓜类蔬菜的嫩叶、嫩梢变硬萎缩，展开的新叶也会出现条状斑点，成瓜受害后商品价值降低，表皮粗糙，茸毛少	（1）隔离虫源 （2）覆盖地膜 （3）清除杂草 （4）药剂防治	10% 吡虫啉可湿性粉剂 1000~2000 倍液、50% 辛硫磷乳油 1000 倍液喷施
地老虎	危害蔬菜幼苗近地面的茎部，使得整株幼苗枯死，造成缺苗断垄，严重时甚至毁种	（1）黑光灯诱杀成虫 （2）清晨捕捉幼虫 （3）药剂防治	用 50% 辛硫磷乳油与细沙土搅拌均匀制成药土，然后在作物的根系旁开沟撒施，随后覆土掩埋

续表

虫害名称	症状	防治方法	药品名称及配方
蛴螬	危害蔬菜幼苗的根、茎，致使全株枯死，造成缺苗断垄，或啃食块根、块茎，使植株生长衰弱	（1）应用充分腐熟的有机肥 （2）深秋时，深翻土地 （3）筛出蛴螬 （4）药剂防治	用50%辛硫磷乳油拌种，辛硫磷、水、种子的比例为1∶50∶600
蝼蛄	苗失水干枯而死，造成缺苗断垄	（1）应用充分腐熟的有机肥 （2）灯光诱杀 （3）毒饵诱杀	每亩用3%辛硫磷颗粒剂1.5~2千克与细土和新鲜马粪按1~30千克混合物拌匀，在耕耙或栽植前均匀施用在土地表面

注：防控方法参考《贵州省2020年特色作物病虫害绿色防控与统防统治融合示范项目实施方案》。

五、采收和贮藏

佛手瓜在开花后15 ~ 20天就可以食用，而作为商品瓜，佛手瓜在18天品质最佳，应在瓜长到最大限度时采收。佛手瓜最佳采收期一般在开花后25 ~ 30天，瓜皮由深绿变成浅绿时采收，这时瓜的商品性好，耐贮藏，也可以作为种瓜。佛手瓜需分期分批采收，因其可以连续开花、结果，而在日光温室栽培时，需要倒茬定植早春茬蔬菜。采收后可直接上市，或贮藏到春天陆续上市。采收宜在早晨进行，应轻摘，轻拿，轻放。经过挑选，把适合贮藏的瓜放到衬上塑料薄膜的筐里或纸箱里，在8 ~ 10℃的环境中进行贮藏，一般可贮藏4 ~ 5个月。在贮藏过程中，如果发现有长出胚根的，掐去后可以继续贮藏。

图 2-35 采收（惠水县好花红镇政府 供图）

图 2-36 贮藏（惠水县好花红镇政府 供图）

第四节 生姜高效栽培管理关键技术

生姜，别称百辣云、姜根，是姜科、姜属多年生宿根草本植物，生产上常作一年生栽培，食用其地下根状块茎。姜块吃味辛辣，辛温解表，具有温肺止咳、化痰止呕、祛风散寒等功效。生姜起源于东南亚热带雨林及太平洋群岛，在世界各地广泛种植，在我国西南部、东南部和中部栽培较多，种植面积较大、产出较多的地区有山东、云南、湖南、贵州、河南、四川、湖北、江西、广东、重庆、江苏等，其中山东莱芜姜已被列为全国名优产品，莱芜市也成为我国北方重要的商品姜生产基地。生姜种植业及其加工业，具有商品率高、投资见效快、示范带动好的特点。姜是我国传统的出口创汇农副产品之一。

贵州省生姜种植面积不断扩大，主要生产区域有镇宁、关岭、长顺、盘州、普定、黄果树管理区、凯里、平坝、兴义、从江、普安、丹寨、德江、岑巩、龙里、剑河等地，全省种植面积约 70 万亩，产量 150 万吨，单产多在 2200 ~ 3000 千克 / 亩，鲜姜价格一般在 6 ~ 20 元 / 千克。其中贵州小黄姜因其风味特征物质含量高，药食同源性好，备受广大消费者青睐。

一、适宜品种的选择

贵州小黄姜是全国生姜类型的一个重要分支，属小种姜，独具贵州高原地域特色，生长环境天然无污染，保证了高山姜良好的品质。其可食用也可药用，药用效果优于大种姜。小黄姜地下根状茎较小，姜块品质上佳，姜皮黄色，带清香味，切面纯黄色，香辛味浓郁，肉质细嫩，纤维含量较多，市场知名度较好。小黄姜内姜油、姜辣素等含量高于其他地区所生产姜，可鲜销，可加工为干姜片、姜粉、姜茶、姜酒、姜饮料、姜洗发水、姜皂、姜足粉等不同系列产品，加工附加值、综合利用率都很高。单株根茎重 400 ~ 500 克，每亩产量在 1500 ~ 2000 千克。省内主要有水城小黄姜、保田生姜、镇宁生姜、遵义白姜、福泉生姜、惠水生姜等。由于生姜价位较高，易加工成多种商品，所以成为农民致富奔小康的重要产业。

图 2–37　镇宁小黄姜（贵州省生姜产业小分队　供图）

图 2-38　齐伯小黄姜（贵州省生姜产业小分队　供图）

图 2-39　水城小黄姜（贵州省生姜产业小分队　供图）

图 2-40　保田生姜（贵州省生姜产业小分队　供图）

二、环境条件的要求

（一）土壤

生姜种植应选择地势高燥、土壤深厚、富含有机质、保肥保水、疏松透气、灌排通畅的地块，土壤类型以沙壤土或壤土为宜，土壤 pH 值中性至微酸性（pH5 ~ 7）均能生长良好。低洼地、偏碱性土壤不适合种植生姜。生姜也不耐连作，需轮作倒茬，尽量避免使用前茬种过辣椒、番茄及马铃薯等茄科作物地块，其可与豆科、十字花科作物进行 2 ~ 3 年轮作，最好能与水稻进行水旱轮作，以缓解连作障碍。

（二）温度

生姜在 16℃及以上即可发芽，生姜喜温暖环境生长，当姜块处于 21 ~ 25℃就能快速发芽。在有条件的地区可对姜种实行催芽，即将从姜窖取出的姜种放置温暖的室内或恒温培养箱中（约 25℃），连续催芽 18 ~ 26 天即可出芽备播，此时姜块上已长出许多姜芽，姜芽饱满、健壮。要注意环境温度不超过 28℃，否则偏高的温度易使姜芽变弱。茎叶生长期适宜日温 25 ~ 28℃，夜温 18 ~ 20℃，昼夜温差适中能有效提高干物质的积累。生姜地下块茎膨大的适宜昼温 22 ~ 25℃、夜间 16 ~ 18℃。当外界气温降至 15℃以下时，生姜植株便会停止生长。生姜收获后贮藏温度一般保持在 11 ~ 13℃，过高或过低，姜块易腐烂。生姜要求有一定积温方能完成其生育过程，并获得较高产量。如莱芜姜全生育期约需活动积温 3660℃，需 15℃以上有效积温 1215℃。

（三）光照

生姜喜阴凉，怕强光照，其栽培过程中需插遮阴草、搭遮阴棚（遮阳网）来降低外界光照强度，避免阳光直射。散射光有利于姜的生长发育，当被强光直射时，植株叶片会卷曲枯萎。可在沟中利用高秆作物进行科学遮阴，按照行距 2.5 米，株距 10 厘米的距离间隔种植。8 ~ 9 月日照时数变少、光照强度减弱，此时姜根茎生长迅速，应清除行间种植的遮阴作物。苗期遇强光直射，植株常表现矮小、叶片发黄、生长缓慢。但如遇长期阴雨或过度遮光，使得光照严重不足，也会阻碍生姜正常生长发育，常导致植株徒长、茎细弱、叶片变薄发黄、产量下降。生姜在生长发育的不同阶段对光照强度要求有别。姜块催芽期需无光环境，幼苗阶段需中等光强，旺长阶段需较强光照，以促进光合产物的制造与积累。总体来看，生姜受日照长短的影响较小，对光周期不敏感，长日照或短日照条件下，均能形成根状块茎。

（四）水分

生姜根系较少，多分布于土壤浅层，因此根系对水分的吸收能力较弱，使得植株不耐旱，较易发生旱害，此种逆境下姜株变得矮小，根茎产量减少，姜块内部纤维增加，食用品质变差。也因姜株根系少而不耐渍涝，雨季易使姜地积水，若不能及时排水降渍，会阻碍植株的正常生长发育，易导致姜瘟病的发生，造成大田姜瘟病等流行，使得生姜产量明显减少。姜株在不同生育阶段，其对水分的需求有所差异。生姜幼苗期如果缺水，姜苗受到抑制，常表现为“挽辫子”，植株变得矮小，影响着后期地下部块茎的形成。旺盛生长期姜株生长速率加快，生长量大增，植株对水分需求量明显增加，尤其在根茎膨大期，此阶段应始终保持土壤湿润，维持70% ~ 80% 的土壤田间持水量。田间生产管理上既不能缺水，也不能积水。在姜区多雨时节，要及时排水，保持沟渠畅通，不能造成田间积水，为生姜根系的良好生长提供适宜土壤含水量。

（五）矿质营养

姜株栽培密度大，植株分枝较多，大田占地时间长，需肥量较大，适当多施肥利于植株生长和根茎形成。但因其根系较少，使得吸肥能力不强。姜整个生育过程中对钾元素的吸收最多，其次为氮元素，然后是镁、钙、磷等元素。幼苗期植株生长缓慢，生长积累量少，对肥料的需求较弱，使得吸收量也少；进入旺盛生长阶段，姜株生长加快，生长量明显增多，使得植株对肥料的吸收与利用加快，吸收量、使用量大为增加。姜地缺乏氮素时，植株变得矮小，茎秆细弱，叶片变薄，叶色淡绿，产量和品质都降低。增施钾肥对姜株有益，可促进植株营养生长，地上部分枝增多，茎秆壮实，叶片肥厚，对生长中后期地下根状块茎的膨大起到关键作用。优质钾肥的施用，提高了产量，提升了品质。磷肥不足时对姜生长和产量会产生不利影响。氮、磷、钾三要素如果超量施用，会导致姜块中淀粉、维生素 C、可溶性糖及挥发油等营养风味物质减少。

三、栽培管理技术

（一）种植季节

生姜性喜温暖，不耐霜寒，应在无霜温暖时节进行种植、完成栽培及生产。生姜的适宜播种时期，可参考种植地终霜时间，一般于 3 ~ 4 月，当地温稳定保持在 15℃以上时即可播种。也可参照生姜的全生育期及有效积温，生姜全生育期一般在 140 ~ 150 天，即从出苗到初霜这段时期，倒算回推时节越早，给生姜留出的栽培时节越长，产量也就相应越高。同理，生姜全生育期一般需要 15℃有效积温在 1200 ~ 1300℃，据此结合每月每旬积温，进行倒算回推确定播种期。此外，还可将生姜地下部根茎形成有利时期倒算回推，使其将来根茎的膨大充实期落在温度适宜月份。

（二）翻耕整地

催芽后期，应准备施基肥、翻耕和整地。姜株地下根系稀少，水肥吸收较差，使其不耐旱、不耐涝，姜地应选择土壤疏松、富含养分、深厚透气、灌排方便、呈微酸性壤土。为克服连作障碍，最好进行 2 ~ 3 年以上轮作倒茬。曾经爆发过姜瘟的地块，要经过严格土壤消毒等流程后才可使用。一旦选好姜田，最好在前作收获后完成冬季翻耕（深 25 厘米）与冻垡，减少土壤病菌、虫卵。来年开春再进行翻犁细耙，改善地力结构，提升地温。每亩姜地可施入腐熟农家肥 1500 ~ 2500 千克、过磷酸钙 50 ~ 60 千克、复合肥 40 ~ 60 千克，混合拌匀施作底肥，再细耙 1 ~ 2 遍，整平畦面待播。

图 2-41　翻耕整地（贵州省生姜产业小分队　供图）

（三）播前处理

1. 姜种出窖。姜种出窖或出冷库时间应在适期播种前 20 天（约春分）进行。出窖、出库前打开窖口、库门，让贮藏空间内外空气流动，使其内外气温接近一致。应在天气晴朗干燥时取出姜种，清除姜块上泥土，白天平摊在洁净地面上晾晒，夜晚回收室内，如此操作 2 ～ 3 天。完成晒姜后，进行困姜，即将姜种收回屋内（25 ～ 30℃），堆置草席上 2 ～ 3 天，期间姜堆要保持通风透气和夜间保温。

图 2-42　姜种（贵州省生姜产业小分队　供图）

2. 选种催芽。姜块催芽前要进行选种。适播健壮的姜块不干缩、质地硬、无病虫害、肉色鲜亮、无褐色斑块，淘汰干瘪、肉质发软、瘦小、表皮有褐斑的姜块。催芽多在谷雨后至清明前进行，催芽温度应保持在 22 ～ 25℃，相对湿度 60% ～ 80%，催芽时间 20 ～ 25 天。若温度高于 28℃，虽发芽较快，但姜芽多瘦弱细长；而低于 20℃，则发芽缓慢，可能影响播种时间。

3. 掰姜种。掰姜种时需要控制姜块大小，保持在一定范围内。以小黄姜为例，控制每块姜种在 50 ~ 70 克，每块姜种上只留 1 ~ 2 个短壮芽，其余芽统统去掉，保证壮芽的养分充足。如果掰后姜块出现芽基部或掰姜断面变褐，应及时剔除。

图 2-43 掰姜种（贵州省生姜产业小分队 供图）

4.浸种消毒。播种前可用1：1：150倍波尔多液浸种20分钟进行消毒杀菌。播前浸种可促进姜种发芽，提高出苗率，使得单株分枝数相应增多，叶面积增大，增加同化物产量。

5. 浇底水。姜田水分缺乏，会导致姜块发芽变慢，姜苗出土时间延后。因此，生姜播种前须浇透底水，利于幼芽顺利出土。底水浇灌时间多安排在畦内施用底肥后，于播种前 1 ~ 2 小时完成。

（四）播种

1. 播种方法。将掰好经播前处理的姜块按（55 ~ 60）厘米 ×（18 ~ 20）厘米株行距放置开挖沟中。有两种摆放方式：一为平播法，即把姜种水平摆放于沟底，统一幼芽朝向，东西向开沟，幼芽朝南（东南），南北向开沟，则幼芽朝西。二为竖播法，即把姜块竖直插入沟底土壤，幼芽统一向上。姜块摆放到位后，轻按入泥，使得姜芽与沟底持平。完成播种后，需及时覆土 4 ~ 6 厘米，防止幼芽晒伤。覆土不能过厚，否则对出苗不利；覆土也不能过薄，否则表土层易干，也会影响出苗。

图 2-44　播种（贵州省生姜产业小分队　供图）

2. 播种量。生姜播种量主要取决于姜种大小和播种密度。一般情况下高产田每亩播种 7000 ～ 7500 块，每块姜种 50 ～ 75 克，即亩用种量 350 ～ 500 千克。一般地块或新发展地块用种量可略少，300 ～ 350 千克即可。

3. 播种密度。合理密植是提高生姜种植产量的重要措施。因小黄姜长势普遍较弱，单株产量也低，据此可适当增加栽培密度，以便充分利用土地资源。每亩可播种 7000 ～ 7500 株，行距在 55 ～ 60 厘米，株距为 18 ～ 20 厘米。若生姜种植于肥沃地块，因其后期枝繁叶茂、株型高大，需加大株行距；相反，若种植地土壤瘠薄，植株矮小，则需适当紧缩株行距。

（五）播后苗前管理

姜种播后出苗前的管理以保温保湿为主。此时需提高地温，保障出苗顺利，播种时须浇足底水，可根据种植地气候、土质及墒情等灵活掌握，一般在出苗前不用浇水。一般首次浇水可安排在播后 20 ～ 25 天。第二次浇水与第一次浇水间隔 2 ～ 3 天，之后中耕保墒，促进幼苗顺利出土及生长。也可播前覆盖地膜栽培，增温控草，省工省力，绿色高效。一般到 6 月下旬时可揭去地膜。

（六）夏季遮阴管理

姜属中光性作物，喜阴凉，因其苗期生长正处于高温夏季，光照强、气温高、地温高，须进行田间遮阴，以防止强光抑制姜苗生长。姜田可采用插影草或搭姜棚等方法进行遮阴。每亩用谷草 350 ～ 450 千克。插影草不便的地方，可用玉米秸代替，或间作高秆遮阴作物，或田间搭建遮阳网。遮阴时间从 5 月上旬至 7 月下旬或 8 月上旬。之后去除遮阴，此时外界气温、光强有所降低，姜株开始旺盛生长，植株群体迅速扩大，已形成株间互相遮阴。

（七）水肥管理

1. 幼苗期。幼苗期株型矮小，生长速度慢，需水量小，幼苗根系较浅，吸水能力差，因此要严格管理土壤水分。苗期处于春末夏初时节，干旱少雨，需注意人工浇水保墒。到了幼苗生长后期，正值夏季高温时期，土壤蒸发量大，植株水分散失快，需增加浇水次数和浇水量，土壤相对湿度应维持在 70% ~ 75%。同时，此期也是雨季，须注意及时排水，避免田间积水引起姜种腐烂。夏季浇水应选择早晨或傍晚，忌中午浇水。当苗高约 30 厘米，地面出现 1 ~ 2 个分枝时，施一次壮苗肥，每亩施硫酸铵或磷酸二铵约 30 千克。

2. 旺盛生长期。姜株在立秋前后这段时期的生长速度明显加快，养分积累迅速，地下部块茎进入迅速膨大期，对于肥水的需求利用显著增大。因此，此期间要结合拔除杂草、拆除遮阴棚和地膜进行追施转折肥，每亩施用饼肥 75 千克、磷酸二铵 30 千克、硫酸钾 25 千克。时至 9 月中旬，姜株地上部平稳生长，地下部根茎变成生长中心。为进一步促进、加速根茎的膨大充实，可进行第三次追肥（补充肥），一般每亩施硫酸铵 10 ~ 15 千克、硫酸钾 15 ~ 20 千克，或复合肥 25 千克。要保障生姜旺盛生长，每 4 ~ 6 天浇一次水，保持土壤相对湿度在 75% ~ 80%。采收前 2 ~ 3 天，浇最后一次水，使得采收后的根茎上带些许泥土，利于贮藏。

图 2-45　追肥（贵州省生姜产业小分队　供图）

（八）除草中耕

姜地除草可在播种前覆盖地膜提前抑制土壤中杂草种子。姜种播下后，于出苗、地上枝叶生长期集中开展两次中耕除草，锄草拔草的同时，浅耕疏松土层，增加土壤透气性。可在雨后天晴或浇水后进行中耕，促进根系对土壤养分的吸收。

图 2-46　除草培土（贵州省生姜产业小分队　供图）

四、病虫害防控

（一）病害防控

生姜的主要病害有姜瘟病、斑点病和炭疽病等，其主要病征、防治方法见下表。

表 2–13 姜常见病害、病征及防治方法

病害	病征	防治方法
姜瘟病	发病部位的症状最初为水浸状，呈现黄褐色，最终失去光泽，植物的组织软化和腐烂，腐烂组织的内部变为白色的具有黏稠性的汁液，散发着难闻的恶臭气味	（1）轮作与换茬 （2）严格选种 （3）选地与整地 （4）施净肥、浇净水 （5）控制蔓延 （6）药剂防治
斑点病	叶斑黄白色，形状为梭形或长圆形，长 2~5 毫米，细小，斑的中部变薄，易导致叶片破裂或穿孔。病情严重时病斑密布，全叶出现白星点点，故又名“白星病”	（1）避免连作 （2）选择地势高、排灌方便的地块种植 （3）应注意氮、磷、钾肥等配合施用
炭疽病	先自叶尖及叶缘出现水浸状褐色小斑，后向内扩展成椭圆形或梭形褐斑，多数斑面有晕纹。若数个病斑连在一起，叶片会逐渐变褐干枯，同时，潮湿时发病叶面会出现黑点	（1）轮作 （2）清洁田园 （3）注意氮、磷、钾肥配合施用 （4）严禁田间积水

（二）虫害防控

生姜的主要虫害有根结线虫、姜螟、甜菜夜蛾、小地老虎、姜蛆和蓟马等，其主要发病特征、防治方法见下表。

表 2-14　生姜常见虫害、发病特征及防治方法

虫害名称	发病特征	防治方法	药剂名称及配方
根结线虫	植株发育不良，叶形缩小，颜色暗沉，茎秆萎缩，根部产生大小不均等的瘤状根结，根茎表面产生瘤状或疱疹状物并出现裂口和伤口，表皮干燥后则形成粗糙的伤痕，轻度感染影响姜外观和商品性，重者则不能食用	（1）选用无病虫害的姜种 （2）合理轮作 （3）药剂防治	0.3% 印楝素水分散粒剂按说明稀释喷施
姜螟	幼虫以嫩叶和茎为食，造成嫩叶呈薄膜状、茎秆空心，幼虫同时在伤处残留粪屑严重感染伤口；生姜苗期受害，茎叶枯黄凋萎，茎易折断	（1）清洁田园 （2）药剂防治	25% 杀虫双 600~800 倍液，每次亩用药水 75~100 千克
甜菜夜蛾	以生姜叶片为食，幼虫孵化后在叶背面取食，并拉丝结网，食叶肉，幼虫长大后扩大蚕食面积，叶片破损，严重时可吃光叶片，仅留明显叶脉和叶柄	（1）农业防治 （2）成虫诱杀 （3）生物防治 （4）药剂防治	50% 辛硫磷乳油 1000 倍液、3% 苦参碱水剂 100 倍液
小地老虎	多危害生姜幼苗，一般在姜苗基部伤害茎髓，使心叶萎蔫、变黄或植株猝倒	（1）清除田园杂草，杀灭虫卵和幼虫 （2）生物防治 （3）药剂防治	每亩用 3 ~ 4 千克 0.1% 苦参碱粉剂
姜蛆	姜种感染姜蛆后表皮色暗，肉质呈灰褐色，去掉生姜表皮，可见若干白线头状幼虫蠕动，不可食用，严重时导致姜种败坏腐烂	（1）姜入窖前彻底清扫姜窖，杀虫消毒 （2）严格筛选姜种	1.1% 苦参碱可湿性粉剂

续表

虫害名称	发病特征	防治方法	药剂名称及配方
蓟马	蓟马成虫、若虫均以锉吸式口器吸食生姜汁液。姜叶受害，会产生很多灰白色小斑点，严重时叶片出现枯黄、扭曲的症状	（1）农业防治 （2）药剂防治 （3）物理防治	可用 5% 吡虫啉乳油 1500 ~ 2000 倍液、21% 噻虫嗪使用 15 ~ 20 毫升 / 亩进行喷雾、10% 溴氰虫酰胺 33.3 ~ 40 毫升 / 亩进行喷雾

注：防控方法参考《贵州省 2020 年特色作物病虫害绿色防控与统防统治融合示范项目实施方案》。

图 2-47　生姜地上病害药物防控（贵州省生姜产业小分队　供图）

五、采收及贮藏

（一）采收

1. 收仔姜。多于 8 ～ 9 月根茎旺盛生长期采收仔姜，此时姜块幼芽稚嫩，块茎尚未定型，没有充分积累营养物质，组织富含水分，柔嫩多汁，辛辣味淡，膳食纤维少。但也因仔姜块茎未充分发育，大田产量不高，特别适于直接炒食，或加工成醋酸盐水姜芽、糖姜片等。

2. 收鲜姜。一般于 10 月下旬初霜来临前及时收获，防止土里姜块受霜冻危害。采收当日宜选晴天或无雨天，并距采收当日 3 ～ 4 天前浇一次水，润湿土壤，利于采收鲜姜。采收时可用锹、镢等将生姜整株刨出，或用手顺势整株拔起，轻轻抖落姜块附带泥土，在贴近根茎表面 1 ～ 2 厘米基部，用剪刀剪除茎秆，清除须根，无须晾晒，可进入市场售卖，或转入地窖进行越冬贮藏，择机销售。

3. 收姜种。姜种可与鲜姜于初霜前同时收获，或据市场行情提前至立秋时采收。姜种多能保有播种时的营养物质，甚至其植株生长后期可能有少量地上茎叶光合产物回流进姜种。采挖时姜种外观要保持完好，无干缩无腐烂，姜块鲜干重基本不变。当提前采收时，择晴天浇水，湿润土壤，利于第二天用窄铲刀或箭头竹片自姜母北侧（东西向栽）或东侧（南北向栽）插下，手按住姜株根部土面，轻向上一掘，铲断姜种与新姜的连接，随即取出姜种；也可扒开表土直接取出姜种，并及时封垄。若提前采收姜种，不可摇晃姜株，以防伤根；若有根系动摇，需及时浇水沉实土壤。因提前采掘姜种，易造成伤口感染病菌，所以不提倡提前收，最好等至霜降前与新姜一同收获。

（二）贮藏

刚从田间收获的鲜姜伤口较多，姜块呼吸旺盛，很容易失水使得表皮皱缩，降低商品品质，也不利于运输。贮藏 10 天以后，块茎表皮开始沉淀与木栓化；1 个月后，姜球顶端伤口愈合，球顶变得圆滑，组织紧密，利于贮藏及运输。贵州姜区可采用坑道贮藏法。在山区或丘陵地背风向阳半坡上，向里挖长 2.5 ~ 3.0 米、深 1.8 ~ 2.0 米坑道，坑道宽度 1.3 ~ 1.5 米，开挖制窖坑道长度应依据贮姜量来定。冬季需封严坑道口，防止冷风侵入。姜块贮藏期间，应保持坑道内气温在 11 ~ 13℃，湿度 90% ~ 95%。若温度超过 15℃，姜块易发芽；而低于 10℃，则易受冷害。姜窖内湿度过低，姜易失水、表皮皱缩；过高又可能使坑道内返潮，也不利于贮藏。

图 2-48　采收（贵州省生姜产业小分队　供图）

图 2-49　姜窖贮藏（贵州省生姜产业小分队　供图）

图 2-50　冷库贮存（贵州省生姜产业小分队　供图）

第五节 韭黄高效栽培管理关键技术

韭黄，是韭菜采用培土、避光、覆盖等措施经过软化栽培，生产出的黄化型蔬菜。韭黄是多年生宿根蔬菜，以幼嫩的茎叶为食用部位，其风味独特、辛香鲜美、营养丰富，还具有一定的食疗保健作用，现已实现周年生产，一年四季均可供应，对于丰富蔬菜品种，满足消费者需求，增加群众收入，起着重要作用。

一、适宜品种的选择

（一）大名韭

大名韭叶片宽厚，叶茎粗壮，产量高。

（二）马蔺韭

马蔺韭叶片宽，似马蔺，叶色浓绿，纤维少，耐抽薹，品质佳。

（三）汉中冬韭

汉中冬韭分蘖多、高产且抗寒性强。

（四）独根红

独根红耐寒，分蘖力强，茎粗壮，叶宽大，味道清香。

（五）791 雪韭

791 雪韭叶色浅绿、萌芽早、再生能力强、耐寒性强。

（六）赛青韭

赛青韭具有分蘖力强、直立性强、不易倒伏、抗寒、抗病等优良性状。

二、环境条件的要求

（一）温度

韭菜（韭黄）对温度的适应能力比较强。鳞茎发芽的最低温度为 2 ~ 3℃，种子在 4 ~ 5℃时开始发芽，15 ~ 18℃是发芽适和温度，在 20℃左右发芽出苗最快。播种后将温度控制在 16 ~ 17℃能够促进种子发芽。生育期可将温度升至 20℃左右利于快速生长。当温度在零下 5℃时，会发生冻害而导致叶片逐渐枯萎。当温度高于 30℃时，叶片容易被灼伤，所以将温度控制在 19 ~ 23℃之间最为适宜。

（二）光照

韭菜（韭黄）露地养根时对光照的需求较为严格。光照过强，茎叶生长受阻，叶片中纤维含量增加，叶肉粗硬，植株过早老化，产品品质降低；光照过弱，光合作用降低，叶片失绿、变小，分蘖能力减弱，品质下降。

（三）水分

韭菜（韭黄）栽培过程中田间湿度要求在 65% 左右，土壤含水量要求在 90% 左右。如果水分亏缺，韭菜容易早熟，叶片老化，品质降低；水分过多，易引起韭菜（韭黄）根部沤根、腐烂，引发各种病虫害。

（四）土壤和营养

韭菜（韭黄）根群少、根系分布浅，对土壤要求高、水肥的需求量大。因此，应选择土壤肥沃、有机物质丰富、土层深厚、疏松透气、保水保肥性强的地块进行种植。而且因其对营养的需求大，因此，生长期应及时追肥，合理调整氮、磷、钾肥比例，防止营养失衡导致韭菜出现徒长、叶薄等不良现象。

三、栽培季节与茬口安排

（一）栽培季节。韭黄的最佳种植季节每年有两次，即春季栽培和秋季栽培。春季栽培一般在 3 月中下旬至 4 月上中旬播种，秋季栽培一般是在 8 月中下旬至 9 月上中旬播种。

（二）茬口安排。露地栽培韭菜（韭黄）是指在无霜期内，在良好的生长条件下生产韭菜（韭黄），在质量和产量都达到最佳时采收。设施栽培利用南方型韭菜品种，夏天 7 月下旬至 8 月上旬播种，秋季霜冻前覆盖保温设施，营造合适韭菜生长的条件，可以连续收获，弥补了深秋和初冬北方市场韭菜的空白。

四、栽培技术

韭黄栽培，包括露地养根和后期经多次霜冻营养回根两个阶段，栽培方式有稻草棚栽培、地窖囤栽、瓦筒盖栽培和黑薄膜覆盖栽培等，这些栽培方法都能使韭菜在弱光条件下长出新叶子或者假茎，并利用贮存的养分生产新鲜韭黄。北方地区普遍采用塑料大棚栽培以及温室种植。南方地区，比如广东、贵州采用瓦筒种植；而云南一般采用稻草覆盖种植。

（一）苗床准备

选择土壤肥沃、土层深厚、疏松透气、保水保肥、排灌方便，3 年未种过葱蒜类的地块，施入腐熟的有机肥，约 2000 千克 / 亩，配施硫酸钾复合肥 40 千克 / 亩。施肥过后，深翻、整地、做畦，一般畦面宽 1 ~ 1.5 米，畦长 15 米左右，不超过 20 米。畦梗的宽度 25 ~ 30 厘米，高度 18 厘米左右，以防进入雨季而产生积水。

（二）种子处理

选健康饱满的种子于 35 ~ 40℃的温水中浸泡 12 ~ 24 小时，使其吸足水分，以打破种子休眠；将处理好的种子放在 20 ~ 25℃条件下进行催芽，每天换水换气，2 ~ 3 天待大部分种子都露白就可以播种了。

（三）播种

播种方式有直播、条播。每亩地用种量 2.5 ~ 3 千克。开沟标准为宽 15 厘米左右、深 13 ~ 15 厘米的播种沟，每播种沟间隔 20 ~ 23 厘米。开好沟后，将种子均匀撒入沟中后再覆盖一层 1 ~ 2 厘米的细土，直至不见种子外露为宜。播种后及时浇第一次水，待苗长到 5 厘米时，每隔 5 ~ 7 天浇 1 次水，随水追两次肥，施尿素 7.5 ~ 12.5 千克 / 亩，移栽前 5 ~ 7 天停止浇水，进行追肥蹲苗。

（四）定植

当韭菜幼苗株高长至约 20 厘米，长出 4 ~ 5 片叶时，为最佳定植时期。移栽时定植开沟标准为：行距 70 ~ 80 厘米，沟内株距 1 ~ 2 厘米，穴距 10 ~ 15 厘米，每穴种植 15 ~ 30 株幼苗。定植前起苗时一定要注意，不能对韭菜的根系有大伤害。一般起出来的韭菜苗根系要在 5 厘米左右为佳。一般按照每亩 80000 株左右进行种植。

图 2-51　韭黄定植（贵州大学蔬菜研究院 供图）

（五）定植当年的管理

定植后当年的管理，应合理施肥浇水，浇水时应小水勤浇，不要大水漫灌。在结合整地合理施基肥的基础上，第一次追肥应于移栽后 12 ~ 15 天施用，每亩施用尿素 10 ~ 15 千克，促进早生快发。间隔一个月后，追第二次肥，发棵壮根，每亩用尿素 20 ~ 25 千克、磷酸一铵 10 千克或普钙 30 千克撒施后浇透水。搭棚前每亩施用尿素 30 ~ 40 千克，磷酸一铵 20 ~ 30 千克或普钙（过磷酸钙）50 ~ 60 千克，硫酸钾 10 ~ 15 千克，并喷施芸薹素等生长调节剂，以满足韭黄生长需求。韭菜（韭黄）的整个生长期要勤除杂草，及时将枯叶清除，保持田间整洁。少割或不割，以利壮根。

（六）培土割青

韭菜长至 20 厘米以后，应进行培土割青准备，培土前需沟施有机肥。当韭菜叶片长至 45 ~ 50 厘米时进行第一次培土，培土高度到达韭菜出叶口下方 1 厘米左右为准，并将土层压实。第一次培土后 10 天左右进行割青，即将韭菜出叶口上方的韭叶割去，以便将新长出的韭叶遮光培育为韭黄。割青后需立即进行第二次培土，高度同样在出叶口下方，结合第二次培土追施一次缓释肥。

五、韭黄培育

韭黄培育于割青后进行，主要就是避光，可以采用稻草、瓦筒、拱棚、壕沟、窖等加以覆盖，使韭菜叶或假茎不见阳光，从而形成韭黄。一般情况下，当韭黄在黑暗中生长到 50 厘米以上高度时即可进行收割。

图 2–52　韭黄避光（贵州大学蔬菜研究院 供图）

图 2-53　韭黄田间管理（贵州大学蔬菜研究院 供图）

六、收割

当韭黄生长到 50 厘米左右时为最佳收割时期，收割一茬追一次肥，每次割后均留茬 1 ～ 2 厘米。

图 2-54　收割韭黄（贵州大学蔬菜研究院 供图）

七、病虫害防治

韭菜（韭黄）主要病虫害有灰霉病、疫病、黄萎病、韭蛆、潜叶蝇、蓟马，具体防治方法见表 2-15、表 2-16。

表 2-15　韭菜（韭黄）主要病害、症状及防治方法

病害名称	发生部位	症状	防治方法
灰霉病	叶片	灰霉病病苗色浅，叶片、叶柄发病呈灰白色，水渍状，组织软化至腐烂，高湿时表面生有灰霉	发病初期用 50% 腐霉利可湿性粉剂 800 ~ 1500 倍液 +65% 代森锰锌可湿性粉剂 600 ~ 1000 倍液防治，每 7 天 1 次，连续 3 次
疫病	根、茎、叶	叶片发病，多从植株下部叶片向上发展，感病初期叶片有水渍状病斑，叶缘有黄色晕圈，中间呈轮纹状，后期叶片脱落；茎部发病呈黑褐色椭圆形病斑	1 ∶ 1 ∶ 100 波尔多液喷施叶面；25% 精甲霜灵可湿性粉剂 800~1000 倍液，每周喷 1 次，连续喷药 2~3 次
黄萎病	叶片	黄萎病叶肉褪成灰色或浅黄色，叶片有泛绿条纹，叶片边缘弯曲	定植后用 25% 精甲霜灵可湿性粉剂 800~1 000 倍液，发病初期每亩用 70% 代森锰锌 800倍液灌根或喷施，每5 ~ 7 天 1 次，连用 2 ~ 3 次

表 2-16　韭菜（韭黄）主要虫害、症状及防治方法

虫害名称	发生部位	症状	防治方法
韭蛆	鳞茎和柔嫩茎部	韭叶枯黄，幼茎腐烂；鳞茎腐烂，整墩韭菜死亡	淹水防控幼虫，覆盖防虫网、投放粘虫板防治成虫，受灾面积广用 0.5% 苦参碱水剂、10% 吡虫啉可湿性粉剂 1000~2000 倍液喷雾
潜叶蝇	茎	潜叶蝇幼虫钻入叶片，潜食叶肉组织，造成叶片呈现不规则白色条斑，使叶片逐渐枯黄，幼苗死亡	在成虫产卵盛期或在虫泡叶出现盛期喷药，喷洒 25% 噻虫嗪水分散粒剂 2500 ~ 5000 倍液

续表

虫害名称	发生部位	症状	防治方法
蓟马	嫩茎和叶	嫩叶、嫩梢变硬蜷缩枯萎，生长缓慢	70% 吡虫啉水分散粒剂 5 克 +5% 高效氯氟氰菊酯 50 毫升兑水 30 千克喷雾、10% 吡虫啉可湿性粉剂 1500~2000 倍液，喷施 2~3 次，间隔期 7~10 天

注：防控方法参考《贵州省 2020 年特色作物病虫害绿色防控与统防统治融合示范项目实施方案》。

第六节 茄子高效栽培管理关键技术

茄子属于茄科、茄属、直立分枝草本至亚灌木，高可达 1 米，小枝，果的形状大小变异极大。果的形状有长有圆，颜色有白、红、紫等。果可供蔬食。根、茎、叶入药，有利尿之效，叶也可以作麻醉剂。种子为消肿药，也用作刺激剂，但容易引起胃弱及便秘。果生食可解食菌中毒。茄子适应性强、栽培较容易、优质高产、营养丰富、供应期长，备受群众喜爱，在我国广泛栽培，是用于补充秋淡市场的主要蔬菜品种之一。

一、种植情况和区域分布

（一）全球种植概况和区域分布

我国是全球茄子的生产大国和消费大国，茄子的种植面积和产量排名世界第一。2019 年，全球茄子种植面积前十的地区有中国、印度、印度尼西亚、埃及、土耳其、菲律宾等国，其中中国的种植面积为 782998 公顷，是全球茄子种植面积最大的国家。据统计，2020 年中国茄子单产水平为 47.45 吨 / 公顷，远高于世界茄子单产水平。

表 2-17　2019 年全球茄子种植面积前十地区

（公顷）

科特迪瓦	欧盟28国	苏丹	伊朗	菲律宾	土耳其	埃及	印度尼西亚	印度	中国
20491	20640	21180	21350	21819	23337	43828	43954	727000	782998

2019 年全球茄子主产区为中国、印度和埃及，其中中国茄子产量为 3559 万吨，占世界茄子总产量的 65%；其次是印度和埃及，产量占比为 23% 和 2%。

表 2-18　2019 年全球茄子主要产量地区占比

（吨）

中国	印度	埃及	其他
35590700	12680000	1180240	5745955

据统计，2015 ~ 2019 年中国鲜食和冷藏的茄子出口量稳中有升，其中 2018 年茄子出口量达到 18457.7 吨，主要出口地为俄罗斯、越南等地；但茄子的进口量很低，只有几十吨，2017 年和 2019 年的进口量甚至为零。

表 2-19　2015—2019 年中国鲜食或冷藏茄子的进出口情况

年份	2015 年	2016 年	2017 年	2018 年	2019 年
出口量（吨）	7741.3	7725.8	14166.8	18457.7	16499.2
进口量（吨）	56	77	0	20	0

（二）中国区域分布

从种植面积和产量来看，中国茄子种植面积已经趋于稳定，大概在 77 万 ~ 80 万公顷。随着茄子产业的发展，茄子的总产量和单产均稳步增长，于 2020 年达到 3694 万吨。

表 2-20　2014—2020 年中国茄子种植面积及产量

年份	2014	2015	2016	2017	2018	2019	2020
种植面积（万公顷）	80.4	79.0	77.6	77.9	78.1	78.3	77.9
产量（万吨）	2960.8	3156.2	3225.8	3337.3	3448.3	3559.1	3694.3

全国各地均有茄子的种植区域，中国的主要产区在山东、河南、河北、辽宁和江苏等地。随着设施农业技术的发展，我国的茄子一年四季均可栽培，生产上主要分为秋冬和冬春两个茬口。中国农科院蔬菜花卉研究所研究员、中国园艺学会茄子分会会长连勇依据茄子类型的不同划分出七大产区。

表 2-21　中国七大茄子产区

产区及主要生产类型	代表类型
中原圆果茄子	有浅绿肉紫黑圆茄、白肉紫红圆茄和河南的绿皮浅绿肉卵圆茄
东北紫黑长茄	果顶尖鹰嘴型
华东紫红长茄	以浙江线茄为代表
华中长茄	紫黑果长 35 厘米以上，果顶圆
华南长茄	紫红，果顶圆，长棒型
西北高圆茄	以陕西罐型茄为代表
西南长茄	与东北长茄类似，较东北长茄粗

二、适宜品种的选择

我国栽培的茄子外形上呈长形或圆形；颜色上有紫色、青色、白色、花色等；主要变种有圆茄、长茄、矮茄。在生产上大面积推广的品种有北京大红袍、六叶茄子、九叶茄、山东大红袍、天津二敏茄、南京紫线茄、北京线茄、广东紫茄、成都黑茄和济南一窝猴等。

表 2-22　三类茄子特征

变种	植物学属性
圆茄	植株高大，果实大，一般呈圆球、扁球或椭圆球形，皮色紫、黑紫、红紫或绿白色。不耐湿热，中国北方栽培较多。多数品种属中、晚熟，主要品种有北京大红袍、六叶茄子、九叶茄、山东大红袍和天津二敏茄
长茄	植株长势中等，果实细长棒状，最长有 30 厘米以上，皮色紫、绿或淡绿。耐湿热，中国南方普遍栽培。多数品种属中、早熟。主要品种有南京紫线茄、北京线茄、广东紫茄和成都黑茄
矮茄	植株较矮，果实小，卵或长卵形。种子较多，品质劣，多为早熟品种，主要品种有济南一窝猴、北京小圆茄等

表 2-23　茄子品种特征

名称	紫长茄	白茄	紫圆茄	青茄	花茄
品种	布力诺、东方长茄、衣友长茄、安德烈、爱丽舍、娜塔丽、黑丽人长茄、京茄等	白衣天使、白玉、白茄1号、白蛋茄、东光白茄、秦茄白冠、袖珍白茄等	快圆茄、京茄2号、黑玉茄子、黑圆极早等	糙青茄、青杂2号、金富早绿茄、新乡糙青茄、西安绿茄等	安吉拉
特性	植株生长势旺盛，耐热耐湿，对枯萎病、疫病等多种病害有很强的抗性，特适宜夏秋种植，极易坐果	植株生长势强，株高约1米，适合春秋露地栽培，具有品质优、产量高、易管理、适应性强等特点	植株高大、果实大，圆球、扁球或椭圆球形，皮色紫、黑紫、红紫。不耐湿热，中国北方栽培较多	适应性强，生长优良	植株生长势强

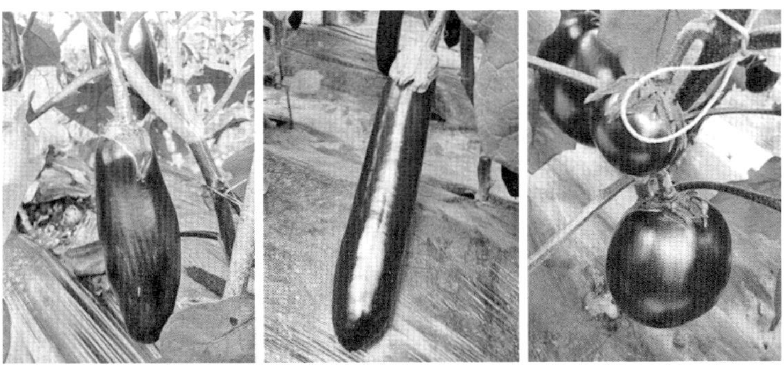

图 2-55　栽培茄子品种（贵州大学蔬菜研究院 供图）

三、环境条件的要求

（一）温度

茄子属于喜高温的蔬菜，种子发芽的最适温度为 25 ~ 30℃，幼苗期发育的适温为白天 25 ～ 30℃，夜间 15 ～ 20℃。若温度在 15℃以下会导致生长缓慢，并引起落花；低于 10℃时，则会导致新陈代谢失调。

（二）光照

茄子对光照时间和光照强度要求较高。在日照长、光照强度高的条件下，茄子生育旺盛，花芽质量好，果实产量高，着色佳。

（三）水分

茄子前期需水量少，迅速生长以后需水量较前期多一些，收获前后需水量最大，此时注意要充分满足茄子对水分的需要。但茄子喜水又怕水，土壤潮湿通气不良时，易引起沤根，空气湿度大则容易引起病害的发生。

（四）土壤和营养

富含有机质、保水保肥能力强是种植茄子最合适的土壤条件。茄子对氮肥的要求较高，缺乏氮素，花芽分化延迟，花数明显减少，尤其在开花盛期缺氮，短柱花变多，导致植株发育不良。在氮肥水平低的条件下，会降低磷肥吸收效果，后期对钾的吸收急剧增加。

四、栽培季节与茬口安排

（一）栽培季节

春季是露地茄子播种的最佳时节。3 月中旬是茄子育苗期，4 月是栽植期，茄子的育苗时间是根据其定植时间来决定的，而定植时间则是根据栽培地的环境、气候和地温等决定。

（二）茬口安排

茄子不宜连作，在露地多次作茬口安排中，华北、东北、华中、华东为一年两次作区，其土地茬口多为早茄子—大白菜；一年三次作区，土地茬口多为早茄子—早萝卜—晚白菜或菠菜；一年四次作区，土地茬口多为菠菜—早茄子—小白菜—秋甘蓝；一年多次作区，土地茬口多为 2 月小白菜—小白菜—早茄子、瓠瓜—早秋白菜—白菜。

五、栽培技术

（一）苗床准备

一般不进行连作栽培，选择 2 ~ 3 年内未种植过茄科作物的沙壤土地块作为苗床最好，有保肥保水能力，利于排灌。播种前最好将苗床土壤进行消毒处理，降低后期发生病虫害的概率。

（二）种子处理

采用温汤浸种，将种子放置于 50 ~ 55℃的温水中，充分搅拌到水温降至 30℃室温，然后浸种 9 个小时，浸完后用湿毛巾将种子包好，放在 30℃条件下催芽，期间每天至少将种子清洗两次。大约一周后有约 50% 种子露白时就可以播种了。

（三）播种

选择适当的育苗盘，盘穴中装满有机质，将露白的茄子种子均匀播入穴孔的中央，每穴放两粒，覆土。播种后可以先盖一层地膜再扣上拱棚，以便保温。适当浇水保持土壤湿润即可。

图 2-56　营养土育苗（贵州大学蔬菜研究院 供图）

（四）苗期管理

经过催芽再育苗，幼苗出土很快，一般到 2 片子叶完全展开，需要 7 ~ 8 天。茄子苗期生长对温度较为敏感，因此要控制好温度，一般白天控制在 24 ~ 35℃，晚上控制在 19 ~ 20℃，可以根据天气状况及时调整拱棚及地膜。茄子幼苗期对水肥的需求不是特别严格，苗期追肥主要补充氮肥，水分需求也相对较小，根据土壤情况，保持土壤湿润即可。当幼苗长至 2 ~ 3 片真叶且花芽分化尚未开始时进行迅速移植，连根带土一起移栽到大田。

幼苗期若幼苗生长过于旺盛，可通过剪叶的方式促进壮苗，促进幼苗的根系发育。即选上午或阴雨天将发黄的叶子以及相互遮挡的叶片在基部剪掉，这样既能增加叶片的光合作用也能促进根系的发育生长。

（五）起垄定植

茄子定植前需进行低温炼苗，一般定植前 7 ~ 10 天将拱棚或地膜撤去，有大雨时注意遮雨通风。经过炼苗的幼苗根系发达，抗寒能力强。定植前也要进行深耕土壤，耙平后做宽 60 ~ 65 厘米、高 15 厘米的高垄，然后在垄上开两道浅沟，浇足底水和施足底肥。底肥以腐熟的农家肥为主，一般按照每亩 300 千克左右的标准，配合施加氮磷钾复合肥。定植时选择阴雨天气或者上午，带土移栽成活率相对高一些。株距 30 ~ 40 厘米，呈三角形交错定植，避免植株生长后期叶片相互交错遮挡，影响生长。

六、定植后管理

（一）肥水管理

茄子定植后浇缓苗水，门茄开花期间暂停浇水。茄子生长初期以补充氮肥为主，中后期除了补充氮肥，还要配合追施磷、钾肥。一般分几个重要时期进行追肥：一是催果肥，即在茄花开始受精膨大时进行追肥，以氮肥配合磷、钾肥追施，沟施或冲施，受精膨大结果。二是盛果肥，这个时期是茄子需肥的高峰期，茄子开始膨大生长，适时追肥才能促进茄子多结果、结大果。这个时期以速效氮肥为主，配合追施磷、钾肥及硼肥。三是在收获前 10 天进行一次追肥，能够有效提高茄子的产量和质量。

（二）植株调整

根茄坐果后，摘除根茄以下的侧枝，可以避免枝叶过多，消耗大量养分。同时，还要及时清理底部老叶子和无效枝。当植株长到 40 厘米高时开始吊枝，吊绳要牢固，以防果实增加、植株重量增大而坠秧，并及时绕绳，以利各枝条均衡生长，后期可更新换枝再生长。整枝同时还应进行中耕除草、培土。

（三）及时采收

茄子果实采收的标准通常是根据萼片与果实相结合的地方所形成的白色或淡绿色带状环的宽窄而定。果实生长快，带状环就愈宽，品质柔嫩，纤维少；如果带状环色泽加深变窄，说明果实生长缓慢，接近老熟阶段，应及时采收。

（四）二次生长

1. 植株修剪

想要茄子二次生长，要采用下部再生和中部再生混合修剪法。剪枝时，从主干距离地面 15 ~ 20 厘米位置剪掉上部枝条，剪口下留足 2 ~ 3 个已萌发的嫩芽。剪下的枝条连同杂草等清理出地块，减少病虫源。

2. 施肥灌水

茄子剪枝后，应立刻追肥浇水，促发新枝，采取膜下滴灌冲施肥水，每亩施藻生根一桶，促进根系吸收。一般 20 天左右，茄子即可开花结果，当有 50% 植株现果后冲施膨果肥。

3. 中耕松土

修剪后，为促进茄子萌发新芽，生长侧根，应及时进行中耕松土，培土壅根。先撤去旧地膜，用锄头充分翻松栽培垄两侧和中间，然后培垄 20 厘米高，重新覆盖新地膜。

4. 温度管理

茄子开花结果期，白天气温保持在 25 ~ 32℃、夜间保持在 15 ~ 18℃。超过该温度时，扩大通风口，通过昼夜通风进行降温。秋冬季节气温开始下降，应适时关闭棚膜保温。

七、病虫害防治

（一）主要病害

茄子的主要病害有猝倒病、绵疫病、褐纹病、枯萎病和青枯病等，其常见病害症状及防治方法见下表。

表 2–24　茄子常见病害症状及防治方法

常见病害	危害部位	发生症状	栽培措施	防治方法
猝倒病	幼苗	幼苗近土表基部表现出水渍状，后缩成线状，子叶未凋萎但苗已倒伏地表	选用抗病品种，采用营养土育苗，对苗床进行消毒	80% 代森锰锌可湿性粉剂，按种子重量的 0.1%~0.5% 拌种
绵疫病	果实	果实出现水渍状圆形病斑，后逐渐变褐凹陷，有时密生棉毛状白霉，最后腐烂脱落	选用抗（耐）病品种，加强整枝摘叶、增加植株通风透光	定植时用70%甲基硫菌灵可湿性粉剂按1：100的比例配成药土，每亩穴施或沟施药土45～100千克
褐纹病	叶片	叶片病斑开始表现为水渍状小点，后逐渐发展成褐色轮纹，边缘灰白色上出现小黑点	实行轮作，选用抗病品种，生产上注意加强通风透光、降低群体湿度	用 80% 代森锰锌可湿性粉剂 600 倍液叶面喷洒
枯萎病	根茎部	初期子叶发黄，逐渐萎垂干枯，茎基部变褐腐烂，易造成猝倒状枯死；成株期初始根茎叶片中午呈萎蔫下垂，早晚又恢复正常，叶色变淡，似缺水状，反复数天后，整株叶片逐渐萎蔫下垂，叶片不再复原	清洁田园，及时清除病株，集中烧毁；采收结束后清除田间残株落叶，集中处理，防止病害扩散，减少病菌基数，合理轮作	发病初期用 3% 中生菌素可湿性粉剂 800 倍液喷淋或灌根，用量 200~500 毫升 / 株

续表

常见病害	危害部位	发生症状	栽培措施	防治方法
青枯病	枝条和叶片	初呈淡绿色，变褐焦枯，病叶脱落或残留在枝条上。将茎部皮层剥开木质部呈褐色。枝条里面的髓部大多腐烂空心。用手挤压病茎的横切面，有乳白色的黏液渗出	可选用优良抗病品种，降低病害发生，采用水旱轮作是最有效的预防方法	选无病土育苗，定植地块每亩增施石灰50~100千克，使土壤酸碱度偏碱性，施足基肥，生长期追施氮、钾肥，生长中后期停止中耕以防止伤根，收获后及时清除病残株，集中烧毁。在发病初期，首先要拔除病株，用60克的30%乙蒜素喷施，用80%代森锌灌根，连续2～3次

（二）主要虫害

茄子的主要虫害有蚜虫、螨类、蓟马和红蜘蛛等，其主要防治方法见下表。

表 2–25　茄子常见虫害及防治方法

常见虫害	防治方法
蚜虫	播种前彻底整地翻耕，清除田间地头作物残枝及杂草，集中带到远离农田场所进行无害化处理，减少虫源虫害的发生。用10%吡虫啉可湿性粉剂4000～5000倍液、3%啶虫脒可溶性粉剂2000倍液
螨类	清除田园杂草和茄子拉秧后的枯枝落叶，集中烧毁，减少螨源基数。用10%噻螨酮乳油2000倍液，10～14天1次

续表

常见虫害	防治方法
蓟马	清除田间杂草，利用成虫趋蓝色性，在植株上方 80 ~ 100 厘米处设置蓝板诱杀成虫。用强内吸杀虫剂 35%噻虫嗪悬浮剂 3000 倍液，在移栽前 2 ~ 3 天或定植后、开花前后灌根，对幼苗进行喷淋，使药液除叶片以外还要渗透到土壤中
红蜘蛛	清除枯枝落叶集中烧毁或深埋，减少螨源。用 250% 四螨嗪悬浮液 5000 倍液

注：防控方法参考《贵州省 2020 年特色作物病虫害绿色防控与统防统治融合示范项目实施方案》。

第七节 山药高效栽培管理关键技术

山药别名麻山药、山薯、大薯等，原产于中国，属于薯蓣科一年生或多年生缠绕性草质藤本。以地下块茎为食，圆柱形，长达 1 米左右。叶腋间常有球形株芽，俗称“山药豆”，可供繁殖用，也可食用，雌雄异株。在我国有野生分布，主产于河南、河北、山西、山东、陕西等地。地下肉质块茎中富含人体必需的多种氨基酸，铁、铜、锰、锌、钙等十余种微量元素和维生素 C、维生素 E、维生素 B_1、维生素 B_2，尤其含有薯蓣皂苷元、副肾皮素、黏液质、多酚氧化酶等特殊物质。自古以来就被视为物美价廉的滋补佳品，产量高，耐贮藏运输，是出口创汇的优势农产品之一。

山药产业是一个新兴的朝阳产业。新疆、甘肃、宁夏、陕西等西北地区成为我国山药种植的新兴产区，种植面积呈现逐年递增的趋势。随着人们对食品的需求日趋多样化，对山药营养保健功能的认识深入，对山药及其加工品的需求必将进一步增加，发展山药产业具有广阔的市场前景。

一、适宜品种的选择

我国主要有北方栽培品种和南方栽培品种。北方品种主要有铁棍山药、淮山药、嘉祥细毛山药、水山药、九斤黄、大和长芋、无架双胞、徐农紫药、牛腿山药、济宁米山药、平遥山药、麻山药等。南方品种主要有桂淮系列品种、瑞昌山药、安顺山药等。

（一）安顺山药。具有皮薄、根壮直立、肉质肥厚等特点，其根毛较细，外表皮呈淡褐色，地下块茎可长达 100 厘米左右，蛋白质含量高，根皮黄色，肉质细腻，有黏液，削皮后久置耐氧化不会变黄，久煮不散，肉质松软细腻，味稍甜，易做成山药泥、山药粉等。目前，安顺山药获得国家农业农村部支持的“地理标志产品”认定，安顺山药基地还荣获贵州省农业农村厅“无公害农产品产地”认证。

（二）铁棍山药。表皮上有像铁锈一样的痕迹，是山药中精品。铁棍山药根据土质不同分为垆土铁棍山药和沙土铁棍山药，其中垆土铁棍山药生在黏重的土壤中，而沙土铁棍山药生长在疏松透气的沙壤土中。铁棍山药粗细均匀，细长，直径在 1 ~ 2 厘米。表皮毛很多，表皮颜色深，且有暗红色锈斑。质坚细腻、汁少粉多、口味偏甜、久煮不散、品质优良、干燥率高，但不耐涝渍，产量稍低，平均亩产量 2500 千克，折干率 33%，可以出售干品，也可以贩卖鲜品。

（三）淮山药。本名怀山药，它是我国河南省焦作市的特产，由于此地古称怀庆府，因此产出的品种被称为怀山药。当地的土壤多为两合土或沙壤土，土层比较深厚，养分很多，而且日照和降水也很合适，非常适合植株生长。

（四）麻山药。多生长于阴凉处的山区，块茎呈长圆柱形，茎常带紫色，垂直生长，身长可达 1 米多，断面干时呈白色。可以入药，适用于身体虚弱、精神倦怠、食欲不振、消化不良、慢性腹泻、虚劳咳嗽、遗精盗汗、糖尿病及夜尿增多等。

（五）细毛山药。山东省济宁传统的山药栽培品种，通常用块茎或山药豆繁殖。细毛山药根呈圆柱形，皮薄，表面有细毛，肉质细白，含有黏液质、皂甙、胆碱、尿素、精氨酸、淀粉酶、蛋白质、脂肪、淀粉及碘质。其生理特征喜温，生长期较长。

（六）大和长芋山药。从日本引进的高产山药品种，在我国的山东省潍坊市、江苏省徐州市的沛县种植较多，可于每年 4 月中旬播种，沟距 100 厘米左右，沟深为 130 厘米，株距为 25 厘米，每亩密度在 3000 株左右，种植后 180 天左右可进行收获。

（七）灵芝山药。食、药兼用的稀有山药新品种，外形为下宽上窄的酒壶状，也有长棒状或是短扇状的，外皮淡黄褐色，须根很少，经常食用能补脾胃、降低血压和血糖、抗肿瘤、延缓衰老，适合加工成山药泥、山药粉等出口。

（八）水山药。菜市场买的大都是水山药，脆脆的，属于普通的菜山药。这种脆嫩的山药，用来炒菜非常合适，是极为受欢迎的健康蔬菜。水山药含水量较多，非常脆嫩，轻轻一碰，就可能断成两截。它的茎通常带紫红色，含淀粉和蛋白质，可食用。

（九）小白嘴山药。产量虽小但营养价值更高，表皮较白，肉质如玉，皮里易剥离，山药末端如婴儿嘴巴。小白嘴将山药的美观、口感、营养的优点发挥到极致，被誉为最好吃的山药。我国主要产地在河北。

（十）牛腿山药。因地下块茎形似牛腿而得名，其味甘色正，营养价值高，为山药品种中的精品。口感比较绵，适合蒸、炖，或是煮粥。我国主要产地在山东。

（十一）太谷山药。肉质白色、细腻，质脆易折，根茎粗壮、较耐涝、产量高，平均亩产量 3500 千克，高产时可达 5000 千克，折干率 15% 左右，适宜销售鲜品。

（十二）瑞昌山药。与其他山药不同，茎肉洁白、组织细密、质糯清香、久煮不糊，在清代作为皇室贡品，是宫廷御宴“拔丝山药”的指定原料，在江西瑞昌已有 500 多年的种植历史。

（十三）田薯。又名大薯，茎具棱翼，叶柄短，叶脉多为 7 条，块茎甚大，有的重达 40 千克以上。按块茎形状也分三类：扁块种，如广东葵薯、福建银杏薯；圆筒种，如台湾白薯、广州早白薯；长柱种，如台湾长白薯、江西广丰的千金薯和牛腿薯等。

二、环境条件的要求

（一）温度。耐寒、喜温暖，茎叶生长最适温度为 25 ~ 28℃；块茎发芽的适宜温度为 25℃；块茎膨大适宜温度为 20 ~

24℃；块茎在环境10℃时开始萌动，温度低于20℃则生长缓慢。叶、蔓遇霜枯死，块茎能耐 -15℃的地温。

（二）光照。耐阴，属短日照作物，短日照能促进薯蓣块茎和零余子的形成。但茎叶生长和块茎膨大期仍需要较强的光照。

（三）水分。耐旱，最怕涝，喜干燥环境，发芽时土壤要有足够的底墒；块茎生长盛期不可缺水。不宜种在地下水位浅和潮湿的土壤中。沙质土和壤土含水量以18%左右为宜。

（四）土壤和营养。以沙壤土最好，喜有机肥，生长前期宜供给速效氮肥，生长中后期增施磷、钾肥。忌连作。

三、栽培季节与茬口安排

（一）栽培季节

山药在我国华北、华南、华中、东北、西北多地广泛种植，大多为露地栽培。3到5月开始播种，秋季至翌年春节都可收获，山药平均生长期在180天以上。山药地上部分不耐低温，块茎在10℃以上土温环境中芽开始萌动，地上部分最适气温为25 ~ 28℃，块茎膨大期温度在20 ~ 24℃适合其生长。如早春播种，苗期易受冻害；播种时间太晚，则生长发育迟缓，生育期缩短，产量降低。我省适宜播种期为2月中旬至3月中旬，当气温升高到12℃以上，土壤温度稳定在10℃以上便可播种，适当提早栽培有利于提早发育，增加产量。

（二）茬口安排

山药可单作，也可间作。春季可与速生蔬菜间作，夏季与茄果类蔬菜间作，秋季可与秋菜间套作。当年种植收获后可隔行挖沟再种植，三年内不重沟，以缓解土地利用的紧张压力。为减轻病害，最好与其他作物轮作。

四、栽培技术

（一）繁殖方法

山药为无性繁殖作物，主要有 3 种繁殖方法，分别为芦头繁殖法、块茎繁殖法和零余子(山药果)繁殖法。

1. 芦头繁殖法。一般长柱种山药茎端 10 ~ 20 厘米处有一段较细而肉质粗硬、不宜食用的部分，品质不好，类似尾巴，称山药尾子（山药栽子、山药嘴子、山药鼻子），其顶端长有顶芽，形体一般较其他芽大，且生长最为活跃，可以用来繁殖。在健康的山药顶端 15 ~ 20 厘米留 2 ~ 3 个芽眼截下留种，切口处抹上草木灰，以使切口愈合，风干 4 ~ 5 天，将处理好的山药块放于室内进行沙藏，以备播种需要。由于顶端优势，芦头繁殖法的产量较高，但繁殖系数不会提高。

2. 块茎繁殖法。将紧接山药尾子的食用部分切成 10 厘米左右的种块，伤口处沾草木灰或消毒剂，同段位种块存放在一起留种备用。播种前要晒种、催芽。

3. 零余子繁殖法。山药叶腋中长出的气生块茎称零余子，可以用来扩大繁殖或提纯复壮，每亩用量为 30 ~ 40 千克。用零余子繁殖花费的劳动力少、繁殖系数高，种质不易退化，是生产上重要的山药提纯复壮方法。但用零余子繁殖是当年秋采收零余子，到第二年春季播种，第二年秋季只能收到 13 ~ 16 厘米长、200 ~ 250 克重的小山药，所以必须在下一年春季再种，前后需三年方能收到产品。

（二）栽培技术

1. 选地。选择土壤疏松肥沃、土层深厚、排灌良好的沙壤土或轻壤土，忌盐碱和黏土地，而且土体构型要均匀一致，至少 1 ~ 1.2 米土层内不能有黏土、土沙粒等夹层，否则会影响块茎的外观，对品质也有影响。

2. 选种。利用芦头繁殖时选择无病、无伤残的山药嘴子作为种块，截断面伤口处在草木灰 + 消石灰粉中蘸一下，然后太阳下晾晒 2 ~ 3 天，起消毒杀菌和促进发芽作用。用芦头繁殖不能扩大种植面积，若要增加繁殖系数，必须将块根切断繁殖（每段 100 克左右），并标记好上、下端，然后将每个伤口处都蘸草木灰 + 石灰消毒，横放太阳下晒种，一直晒到断头有细裂缝为止。播种前对山药进行消毒处理，然后放入温室大棚中进行催芽，每个苗床一般摆放 4 ~ 5 层种块，每层种块铺上细沙。温度保持在 20 ~ 25℃，沙子湿度保持在 30% ~ 40%，当种芽长至 2 厘米时即可移栽。

图 2-57　山药的选种部位（贵州大学蔬菜研究院 供图）

采用山药段制种时要用草木灰（大生 M-45 更好）沾满截断面，防止山药感染病菌。

图 2-58　山药段制种（贵州大学蔬菜研究院 供图）

3. 整地施肥。山药属深根作物，茎块地下生长，需深翻地。基肥每亩施腐熟的有机肥 3000 ~ 4000 千克，草木灰 200 ~ 300 千克。将田地耕翻耙平整细，做 1.3 米宽的高畦或起垄即可栽种。吡虫啉拌种可防治根茎腐病、黑斑病等病害及蝼蛄、蛴螬、金针虫等地下害虫。

图 2-59　山药开沟机（贵州大学蔬菜研究院 供图）

如果采用打洞栽培法，可于秋末冬初，经施肥、平整后，在冬闲时按行距 70 厘米放线，在线上用铁锹挖 5 ~ 8 厘米的浅沟，然后用打洞工具在线内按株距 25 ~ 30 厘米打洞备用，要求洞壁光滑结实，洞径 8 厘米左右，深 150 厘米。

4. 栽植。安顺山药栽植时间为每年的 2 ~ 3 月。在做好的山药垄上开沟，沟底与地面平齐。按株距 20 厘米摆种，头应该统一按照顺序朝一个方向摆放。在摆放种薯时，注意在种薯顶端的芽头先垫一层薄土，以免芽头跟肥料直接接触，造成烂芽。芽头应该按照顺序朝一个方向摆放，但是每一行沟的最后一个芽头要注意回头倒放，与倒数第 2 个平行，头尾朝不同的方向，覆土垄厢平畦面。每亩地栽植 3700 株左右，用种量 350 ~ 400 千克。

（三）田间管理

1. 搭架。刚出苗的山药幼茎纤细而脆嫩，易折断。待出苗 30 厘米后，应及早搭建“人”字架（每亩用架杆约 2000 根），或用渔网搭网架，防止山药幼茎匍匐。插竹竿时离幼苗位置尽量远一点，隔 5 ~ 10 厘米，以免捅伤种薯。架杆插入土壤深度 20 厘米左右，不要太深，否则会影响山药根系的正常生长，最终影响山药的产量。

图 2-60　山药的“人”字形架（贵州大学蔬菜研究院 供图）

2. 中耕除草。山药栽种后 20 ~ 30 天出苗。出苗之后迅速生长，这时需及时进行中耕除草，疏松表面土壤即可。中耕除草过程中注意不要损伤山药块茎和根系。

3. 疏枝摘果。一个芽萌发一个植株，若萌发 2 个以上的植株时，应及时摘除弱的植株和没用的气生茎。及时引蔓上架，并进行一定的整蔓整枝，避免其茎蔓互相交错缠绕。一般每株山药留 20 ~ 30 个山药豆即可。

图 2-61　山药的零余子（贵州大学蔬菜研究院 供图）

4. 水肥管理。山药叶片的角质层较厚，耐旱，在栽植时浇沉沟水后覆土，出苗前可以不再浇水。山药采用分期追肥的方法，在山药沟的两侧开沟施腐熟的厩肥或饼肥，6 月茎叶生长盛期、7 月块根膨大期时各追一次。在施氮肥的同时，施草木炭等磷、钾肥料效果很好。如用黄粪追肥，宜远离块茎，以免烧坏薯块。

五、采收

在山药栽种当年 10 月底或 11 月初，当地上部分发黄枯死后，可开始收获。过早采收，山药地下块茎较小，产量低，含水量多，采挖中易折断，不利于运输。最迟可延迟到翌年 3 月中、下旬，萌芽前采收。一般亩产 1500 ~ 3000 千克，有的高达 6000 千克以上。

图 2–62　山药的人工采收（贵州大学蔬菜研究院 供图）

六、病虫害防治

山药的主要病害有根茎腐病、褐腐病、青霉软腐病、炭疽病和褐斑病等，主要虫害有山药叶蜂、山药金针虫、小地老虎、蛴螬等，其主要防治措施见下表。

表 2–26　山药主要病害及防治措施

病害名称	栽培措施	防治措施
山药根茎腐病	实行轮作，避免连作，彻底清理残茬，降低种植密度，栽培沟加入充分腐熟的有机肥和生物菌肥，可以适当加入土壤消毒剂，加强水肥管理	在发病初期用霜脲氰 72% 可湿性粉剂 600 倍液或 80% 代森锰锌可湿性粉剂 1000 倍液喷施，每隔 7~20 天喷施 1 次，雨天要补喷，连续防治 2~3 次
山药褐腐病	选用健康山药做种。收获时彻底清除病残物，集中烧毁，并深翻晒土实行轮作，可减轻病害发生	发病初期用硫酸铜、生石灰、水按 1 ： 1 ： 200 配制的波尔多液喷洒中心病株或 70% 代森锰锌可湿性粉剂 500 倍液，每隔 5~7 天喷施 1 次，连喷 2~3 次
山药青霉软腐病	不同物种合理轮作，选择地势高、湿度低、肥沃疏松土壤播种。初冬季翻耕土壤，春季日晒，使部分病原物失去活力。山药收获时，将病残体、杂草、腐烂茎集中烧毁	发病前和发病初，在靠近地面的叶柄基部和茎基部喷施 25% 精甲霜灵 500 倍液喷雾，7~10 天喷药 1 次，共 2~3 次，病害严重需要进行灌根治疗
山药炭疽病	选择土质疏松肥沃、有机质含量高的土壤，合理种植，多施有机肥、钾肥等增强植株的抗病性	发病初期用 70% 代森锰锌可湿性粉剂 500 倍液或 70% 甲基硫菌灵可湿性粉剂 800 倍液，每隔 7 天喷 1 次，连喷 2~3 次
山药褐斑病	选用抗病山药品种，选择土壤通透性好地块种植，增施磷、钾肥。冬季及时清除病枯枝，减少越冬菌源基数	发病前和发病初，50% 的甲基硫菌灵 600 倍液或 45% 三唑酮可湿性粉剂 1000 倍液，每隔 7 天喷 1 次，2~3 次为宜
山药花叶病	栽植无毒健康山药种，适期早栽，错开田间蚜虫盛发期，加强肥水管理，提高抗病能力。彻底铲除田间杂草，及早防治蚜虫	发病初期开始喷药保护，每隔 7 ~ 10 天喷 1 次，连续防治 3 ~ 4 次。药剂可选用 50% 甲基硫菌灵可湿性粉剂 400~600 倍液或 77% 可杀得可湿性粉剂 600~800 倍液

续表

病害名称	栽培措施	防治措施
山药根结线虫病	建立无病繁殖基地，防止土传病害以各种方式传播。对发病重的田块进行深翻，暴晒清除病原微生物	可用 40% 乙基多杀菌素 500 ~ 800 倍液浸种 24 小时，晾干后再进行晒种
山药根腐病	合理轮作，秋季深翻土壤，进行暴晒，及时清除田间杂草和枯枝，雨季要注意排水，增施腐熟的有机肥，增加土壤疏松通透，减少病害发生	根腐病病害发生初期，用霜脲氰 72% 可湿性粉剂 800 倍液喷洒，严重时需要进行灌根，也可用 90% 腐霉利 +80% 代森锰锌可湿性粉剂 600 倍液混合喷雾
山药斑枯病	避免连作，增施氮、磷肥和有机肥，深沟高畦，合理密植，保持田间通风透气，收获时彻底收集病残物烧毁	发病初期用 80% 代森锰锌可湿性粉剂，25% 精甲霜灵 500 倍液喷雾，每隔 7~10 天喷 1 次，连续施用 2~3 次
山药黑斑病	精选品种、合理轮作、改进栽培措施	种植前可用1 ：1 ：100 波尔多液浸种 30 分钟；发现病斑用25% 精甲霜灵可湿性粉剂800~1000倍液，每7~10 天喷 1次，连续喷药2~3 次
山药枯萎病	清除田间及周边杂草，集中焚烧或翻入土中；合理种植，适当增施磷、钾肥，加强田间管理，培育壮苗，增强植株抗病力，有利于减轻病害	发病初用 1000 亿 / 克枯草芽孢杆菌 6000 倍液、30% 噁霉灵水剂 1500 倍液、80% 乙蒜素乳油 2000 倍液，每 7~10 天喷 1 次，连续喷药 2~3 次
山药叶斑病	大行距、合理密植，改善田间通风透光条件，防止过旱过涝，多施腐熟有机肥，增施磷、钾肥，以提高植株抗病性，保持田间清洁，及时摘除染病叶片，减少田间病菌源数量	发病初期可用 1 ：1 ：150 波尔多液喷洒叶面，每次喷药间隔时间为 10 天左右，3~4 次可见药效

表 2–27　山药主要虫害及防治措施

虫害名称	危害部位	防治措施
山药叶蜂	成虫在晴朗的白天取食山药花蜜，并将虫卵产在幼嫩的新稍上。虫卵孵化后幼虫集中在叶片上，啃食叶片，数量多时把叶片食完，只留叶脉和叶柄，危害严重	5.7% 甲氨基阿维菌素苯甲酸盐水分散粒剂 6 000 倍液均匀喷雾防治山药叶蜂
山药金针虫	山药金针虫主要危害山药地下根段。幼虫钻入地下及茎的近地面部分，蛀空嫩茎及髓部，危害作物根部	合理轮作、做好翻耕、暴晒土壤，杀死越冬虫卵。加强田间管理，清除田间杂草。灯光诱杀，利用金针虫的趋光性，诱杀成虫
小地老虎	小地老虎主要危害生长期的根茎，损害块茎，抑制块茎的生长，影响山药的生长进而引起产量和品质下降	幼虫用 10% 高效氯氟氰菊酯微乳剂 10 ~ 15 毫升每亩进行喷雾，在成虫盛发期，利用黑光灯（灯下放一盆水，水中放入农药，或倒一层废机油）进行诱杀，宜选择在晴朗、微风、无月光的夜晚使用
蛴螬	蛴螬主要啃食生长期的块茎，导致山药不能正常生长，影响农户的收入	傍晚每亩地摆放 60 ~ 80 片泡桐叶，翌日清晨进行人工捕杀

注：防控方法参考《贵州省 2020 年特色作物病虫害绿色防控与统防统治融合示范项目实施方案》。

第八节　番茄高效栽培管理关键技术

一、优良品种

贵州番茄主要有四种类型的栽培品种：第一类品种是硬果型，

如“振兴钢石319”“振兴钢石805”“振兴钢石999”“圣宝一号”等；第二类品种是鲜食型，主要有“金色王子8号”“金罗汉”“改良粉圆”等；第三类品种是樱桃番茄型，主要有“千禧”“金妃”和“黑珍珠”等；第四类品种是适合加工酸汤的加工型，主要是贵州地方樱桃番茄资源，全省大部分地区都有分布，抗病性强，但产量不高，需要提纯复壮。

二、环境条件的要求

（一）温度。番茄的最适宜生长温度为24 ~ 26℃，是喜温性蔬菜，生长温度低于5℃或高于40℃时植株停止生长。

（二）光照。番茄作为喜光植物，对光照反应有一定的敏感性。光照充足的条件下番茄植株生长健壮、茎粗大、抗性强；光照不足的条件下会造成植株徒长、开花少、落花落果。

（三）水分。番茄根系发达，吸水力强，植株茎叶茂盛，蒸腾作用强，果实含水量高，对水分要求属于半耐旱蔬菜。

（四）土壤及营养。番茄对土壤的适应力较强，对土壤条件没有过高的要求，几乎所有的土壤均可种植番茄，黏重排水不良的低洼易涝地除外。土层深厚且排水良好、土壤pH值为6 ~ 7、富含有机质的肥沃土壤是种植番茄的最佳选择。

三、播种育苗

（一）适宜播期

表 2–28　不同海拔地区设施栽培播种时间

冬春栽培			
1 月气温	9℃以上	7.8~8.9℃	6~7.7℃
播种时间	1 月中旬	1 月下旬	2 月初至 2 月上旬
夏秋栽培			
平均海拔	900~1200 米	1200~1400 米	1400~1800 米
播种时间	6 月下旬至 7 月下旬	6 月下旬至 7 月下旬	6 月中旬至 6 月底
秋冬栽培			
海拔和均温	400 米以下或 19.6℃	580 米或 18.3℃	11 月不低于 14.4℃
播种时间	10 月播种		

（二）种子消毒

种子消毒的方法有温汤（55℃）浸种法，消毒 5 分钟即可；10% 硫酸铜溶液浸种 5 分钟，流水冲洗干净；0.2% ~ 0.4% 的高锰酸钾浸种 10 ~ 30 分钟；10% 磷酸三钠浸种 20 分钟。所有育苗盘以及苗棚的栽培基质都应用高锰酸钾进行统一的杀菌消毒处理。

（三）番茄壮苗、徒长苗和老化苗

番茄壮苗：株高 15 厘米左右，茎粗 0.3 ~ 0.4 厘米，5 ~ 6 片真叶，子叶完整，叶色绿，茎基部呈紫色，春季日历苗龄 50 ~ 55 天，夏季番茄植株苗龄 25 ~ 30 天。无特殊情况发生的条件下，番茄植株花蕾出现时，大概有 7 片真叶出现，且番茄植株壮苗根系发达，呈现白色。番茄徒长苗：番茄的徒长苗茎细高、柔弱，上粗下细，节间较长，叶片颜色呈现淡绿色，株型呈现倒三角形且根系不发达。番茄老化苗：番茄植株的茎上细下粗，有一定程度的硬化，弹性较小，节间短，叶片小无光泽，根系发育不良，秧苗生长矮小。

（四）番茄嫁接苗

近年来常采用番茄嫁接这种栽培技术来提高番茄的抗病、抗旱、耐低温、耐瘠薄的特性，从而达到增量增产的目的。嫁接方法：取砧木离茎基部 4 ~ 5 厘米处斜切（30° ~ 35°）去上部，斜面长为 1 ~ 1.5 厘米，并去掉叶片和侧芽；取来接穗，保留 2 ~ 3 片真叶，斜切（30° ~ 35°）取上部茎叶，削面长度与砧木切面长度一致；及时将切好的接穗切口插入透明嫁接管中，随后将砧木切口和砧木切口在嫁接管中对应结合，稍微用力挤压使两个切面充分吻合。嫁接过程：嫁接工人的双手和嫁接时使用的器具要在嫁接过程中多次使用医用酒精消毒，消毒后的刀片待风干后方可再用。嫁接后管理：嫁接后幼苗需保温 3 ~ 5 天，温度白天保持在 24 ~ 26℃，夜间保持在 20 ~ 22℃，不低于 16℃。嫁接后 3 ~ 5 天内，苗架内相对湿度需控制在 90% ~ 95%，之后通风来保障温度和湿度的降低，从而使相对湿度在 85% ~ 90% 之间。期间每天浇 1 ~ 2 次水，每次浇完水之后需要通风 30 分钟。

（五）番茄炼苗

育苗过程中，由于生长环境的改变，在定植以后秧苗会出现一定程度的不适应，故在定植前 1 周左右要进行炼苗，保证环境与定植之后的环境相似。具体措施包括控水（保持晴天中午秧苗不明显萎蔫为宜）、早晚通风和适量降低温度等，以增加番茄秧苗的抗旱、抗病性。出圃前 24 小时使用广谱性的杀菌剂提前浸根消毒，减少病虫害发生的概率。

（六）番茄定植

1. 基肥。重施基肥是番茄定植前的重要步骤，建议每亩施用腐熟优质的农家肥 4000 ~ 5000 千克，多用麦糠、麦秸、玉米秸发酵一同使用效果最好，并做好土壤杀虫和杀菌的处理。配合深耕、细作，每亩用硫酸钾三元复合肥 60 ~ 80 斤、过磷酸钙 150 ~ 200 斤、颗粒硼肥 3 斤、硫酸镁 15 斤、硫酸锌 8 斤、硫酸亚铁 10 斤、钼肥 30 克、硫酸铜 5 斤（翻地后撒在地表再起垄），其他肥可以混合一起撒施，铜肥要翻地后单独撒在地表。

2. 定植密度。定植密度要根据品种、整枝方式、留果多少、生育期长短等方面进行考虑，灵活掌握。矮的植株苗品种种植应密，高秧品种种植的时候应稀；单干在整枝的时候应密，双干在整枝的时候应稀；早熟品种在定植时应密，晚熟品种在定植时应稀；在肥力差的土壤上定植应稀；在肥力高的土壤上定植应密。定植密度一般 2000 ~ 2300 株 / 亩，行距 70 厘米，株距 40 厘米。

四、避雨栽培设施

（一）结构

1. 结构 I 型

棚顶高 2.6 ~ 2.8 米，肩高 1.6 ~ 1.8 米，跨度 6 米，拱间距不大于 1 米，长度依地势而定，30 ~ 50 米为宜，骨架材料主要为镀锌钢管。

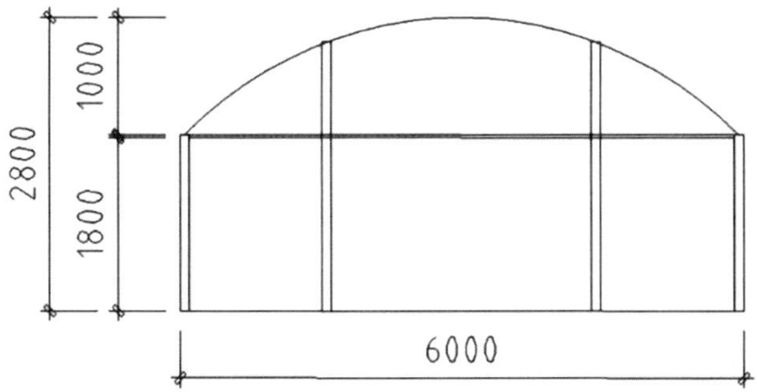

图 2-63　结构 I 型避雨设施东立面图（单位：毫米）

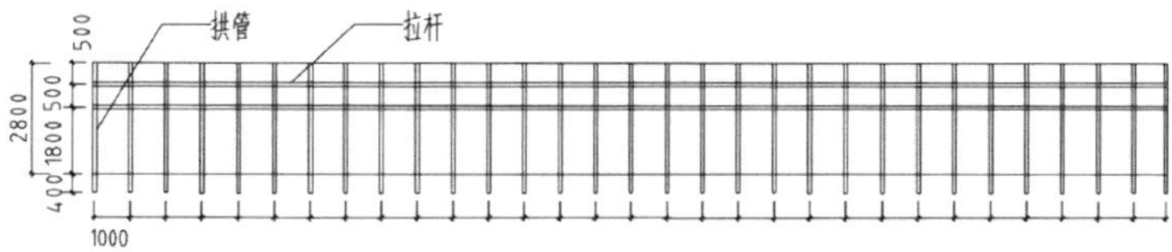

图 2-64　结构 I 型避雨设施南立面图（单位：毫米）

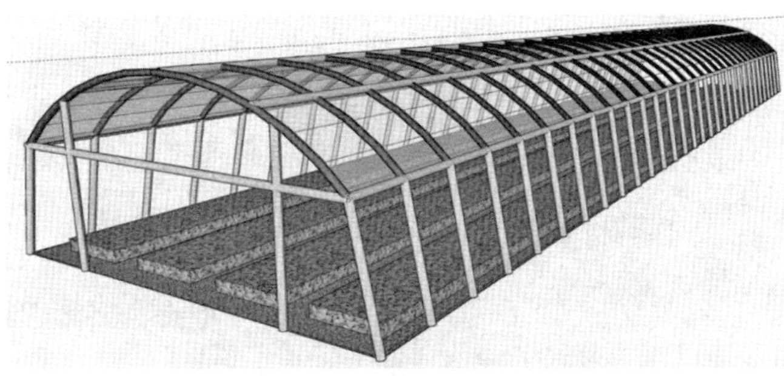

图 2-65　结构 I 型避雨设施效果图

2. 结构 II 型

棚顶高 2.4 ~ 3.0 米，肩高 1.6 ~ 1.8 米，跨度 1.4 米，两棚之

间的间隙与畦沟对应，长度依地势而定，25 ~ 50 米为宜。根据骨架材料可分为全竹结构、水泥柱 + 竹架结构、镀锌钢管 + 竹架结构三种类型。

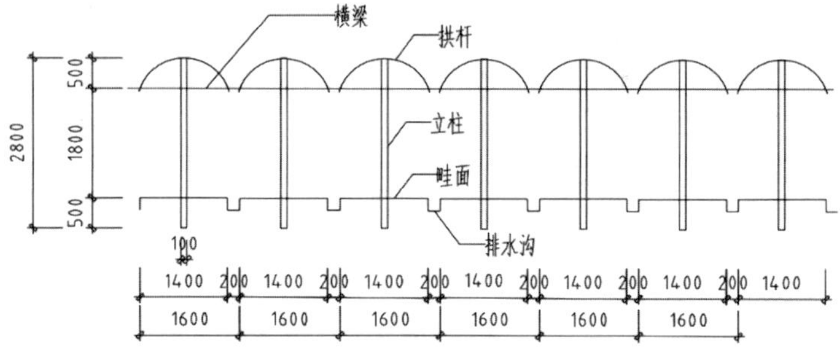

图 2-66　结构 II 型避雨设施东立面图（单位：毫米）

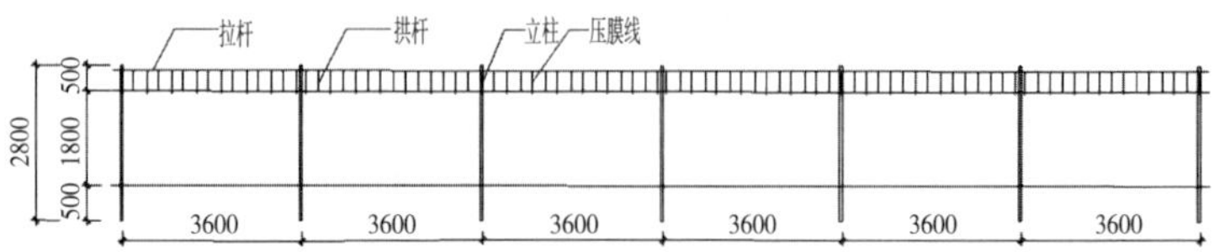

图 2-67　结构 II 型避雨设施南立面图（单位：毫米）

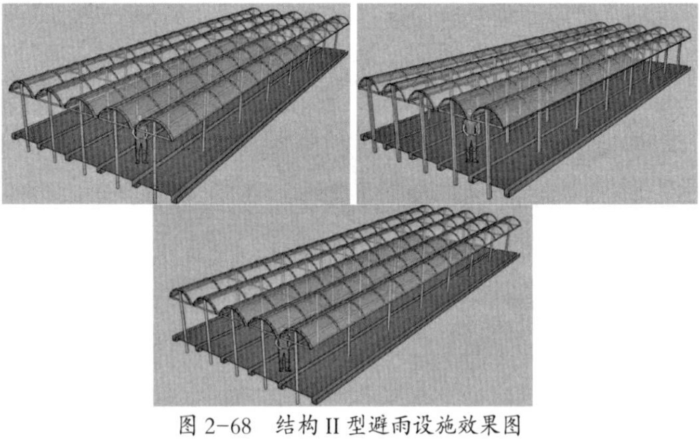

图 2-68　结构 II 型避雨设施效果图

（二）材料与工艺

1. 镀锌钢管

镀锌钢管的外壁表面有完整的镀锌层，镀层厚度 0.1 毫米，不可以出现漏镀、气泡、结瘤、锌灰和露铁现象。镀层的外表面应光洁，管壁厚度均匀。壁厚偏差为：上偏差 +22%，下偏差 –5%。内壁表面不得出现漏镀的情况。

2. 水泥柱

水泥预制件是避雨棚的立柱，预制件中间浇注一圆形孔洞，柱高 3.2 ~ 3.4 米，内置 4 根钢筋，每根钢筋直径为 6 毫米。立柱截面为正方形，正方形的边长为 6 厘米。

3. 竹架

采用长 3 米、直径为 6 ~ 8 厘米的毛竹做立柱；拉杆采用直径为 4 ~ 5 厘米的毛竹；拱杆采用宽为 3 ~ 4 厘米的竹片。

4. 棚膜

棚膜要求膜的厚度均匀，不少于 0.12 毫米，透光率 90% 以上，使用期不少于 24 个月。聚乙烯塑料薄膜产品质量符合 GB 13735—2017 的有关规定，聚氯乙烯薄膜产品质量符合 GB/T 3830—2008 的有关规定，乙烯 – 乙酸乙烯酯共聚物薄膜产品质量符合 GB/T 20202—2019 的有关规定。

5. 压膜线

压膜线采用专用大棚压膜线，质地柔软，质量符合 GB/T 51057—2015 的有关规定。

6. 卡槽及卡簧

热镀锌钢板冷弯成型，卡槽材料屈服强度不小于 195 兆帕，厚度不少于 0.7 毫米，表面重量不应小于 120 克 / 平方米，材料质量应符合 GB/T 2518—2019 的有关规定，正常使用年限等于或大于 5 年。

（三）避雨栽培设施搭建

1. 镀锌钢管 I 型避雨棚搭建

拱管：左右两侧的每对拱管插入中间接头进行连接后，分别将左右两边同时插入地面安装孔中，整体调平后拱管脚部周围用土夯实。拱管最下端 40 厘米插入土中，用卡槽连接地表与地梁杆，棚体四角埋设不少于 3.6 米的间距预设柱状预埋件。

立柱：在棚体两端棚门距两侧各 1 米处分别设两根立柱，立柱最下端插入土中 40 厘米，顶部与棚顶拱管相连接以固定棚架。

拉杆：纵向拉杆需固定 5 道，全部拉杆与拱杆用钢丝夹在接管处连接好，使长短不在一个面上，不让接头位于同一拱间内。拱杆要进行高低调整，保持顺直，使拱杆肩部处于同一直线上。

卡槽：棚体纵向设卡槽 2 道，分别装在棚两侧，距地面高度一般 60 ~ 70 厘米，用卡槽固定器及插销将卡槽与拱管连接，用卡槽连接两卡槽中间接头。

棚膜：根据棚顶宽度将薄膜裁剪成适宜大小，从一侧向另一侧铺盖，两侧及两端用卡簧夹在卡槽内，薄膜必须绷紧。

2. 全竹结构 II 型避雨棚搭建

立柱：立柱为直径 6 厘米的毛竹，每隔 3.6 米沿东西向垂直插入畦中心处，深度为 0.6 米。其中两端的垂直立柱和另外一根向外倾斜 30 度构成三角形，且要牵引锚石，畦间立柱纵横距及高度一致。

横梁：用直径5厘米的毛竹，截成3米的横梁，立柱顶部向下0.3米安装3米长的横梁，横梁沿南北向垂直于立柱；用14 #镀锌铁丝拉设3道进行绑扎。

拉杆：用直径5厘米、长3米的毛竹连接立柱顶部，镀锌铁丝绑扎，形成顶部拉杆，将拉杆安装在拱杆的两端，将拱杆连接成一个整体。

拱杆：选用长2.5米、宽5 ~ 6厘米的毛竹片，中心用镀锌铁丝固定在立柱顶部，两端用镀锌铁丝固定在横梁上，每隔0.5米，沿拉杆方向，平行安装一根拱杆。

覆膜：将棚膜覆盖在拱杆上，形成拱面，两边各留3 ~ 5厘米卷于两边铁丝，然后用压膜线覆于棚膜上，与拱杆边沿交叉绑定，用于固定棚膜。

五、田间管理

（一）番茄追肥

1. 定植后提苗肥。在生产过程中，定植7天后需冲施长根壮苗肥，目的是促进幼苗根系生长，减少苗弱、死苗问题。可以施“秀尔”根达旺或根喜乐5千克加10千克“神优”克酸1 ~ 2次。

2. 花期肥。第一序花开前叶面喷施“碧彩900”，每桶水用量30 ~ 50毫升，间隔7天使用1次，连用2次。追肥使用“神优”荷叶碳酶颗粒水溶肥（生长型）10千克/亩，间隔10 ~ 15天使用1次，连续使用2 ~ 3次。

3. 催果肥。在第一穗果幼果形成后，每亩冲施“神优”碳能颗粒水溶肥(膨果型)10千克，间隔10 ~ 15天冲施1次。叶面喷施“碧彩900”30 ~ 50毫升1桶水，间隔7天使用1次。本方案不但能迅速使果实膨大、成熟，而且能提高第二序坐果率，增加产量。

4. 盛果肥。番茄进入盛果期，即第一次穗果采后，第二、第三穗果进入膨大期时，此时期需肥量大，是整个番茄生长过程中用肥量最大的时期。建议每亩使用10千克“神优”荷叶碳酶颗粒水溶肥，间隔10 ~ 15天使用1次。叶面喷施“碧彩900”30 ~ 50毫升1桶水，间隔7天使用1次。

（二）植株调整

1. 打杈、摘心、疏花疏果和打老叶。腋芽长到3厘米左右时需要进行打杈。摘心又叫打顶，打顶的时候需要在花序上边留2 ~ 3片叶子，这样既有利于番茄植株的生长，又可以防止果实直接暴露在阳光下造成日灼，形成损伤。在打杈、摘心的基础上应该进行疏花疏果，从而保证植株坐果率，保证产量。一般大果型品种，每穗应留3 ~ 4个果，然而对于中果型品种的番茄坐果，应留4 ~ 5个果，小果型品种可留5个果以上。在番茄植株花期应该摘除多余的花蕾及畸形花。在结果的中后期，番茄植株底部的叶片有色体转换，导致叶片衰老变黄，说明植株叶片已失去生长能力需摘除。

2.番茄搭架。番茄在生长的过程中需要及时搭架和绑蔓，从而保证番茄植株的长势。一般在番茄植株高30厘米左右的时候需要进行搭架，搭架前需要进行中耕除草。在离植株7 ~ 10厘米远的地方可以进行插架，插架的时候切勿碰伤根系。搭架的方式有很多种，比如有“人”字形架、篱笆架和“十”字形架等。“人”字形架：指的是两行相对的两根竹竿顶端在番茄植株的顶端交叉成“人”

字形，再在两根竹竿交叉处用一根横竹竿联结起来。支架应该高170～200厘米。还可另用竹竿斜插支撑加固畦的两端。这种支架的优点是稳固，缺点是通风透光较差。篱笆架：在植株行内侧或外侧用竹竿交叉斜插，两竹竿的距离大约40厘米，若想构成网状结构篱笆，可在上面适当横架竹竿。将植株和果穗用道具固定在篱笆架上。这种支架的优点是通风透光好，缺点是挡风面大，遇大风番茄植株容易全畦倒伏。“十”字形架：用长1.7～2.0米、比较坚固的篱竹，沿着番茄种植行每隔1米左右插1条竖立的竹，然后在离地面30～40厘米起每隔30～40厘米架横竹1根，共5～6层。

3. 番茄绑蔓。绑蔓指的是将番茄茎用捆绑工具绑在支架上。绑蔓的时候，果穗同样也可以吊在竹竿上，这样做可以防止由于果穗过重而导致植株折断茎秆。绑蔓需要分多次进行，一共需 4 ～ 5 次，当植株每增高 20 ～ 30 厘米，需要绑蔓 1 次。当果穗长在茎部时，捆绑工具应绑在果穗下方，绑蔓和吊果穗相结合进行。绑蔓所用的捆绑材料有稻草、麻绳、碎布条、塑料绳、包扎带等。绑蔓的时候应注意不宜过紧或过松，绑蔓材料可在竹竿固定点处多打 1 个圈，可以防止固定点上下、左右移动范围过大。为了避免影响果穗的发育，绑蔓时不可将花穗捆在茎秆和架杆间。

六、病虫害防治

（一）番茄的主要病害

番茄的主要病害有番茄卷叶病、番茄裂果病、番茄晚疫病、番茄青枯病、番茄早疫病、番茄病毒病，其发病症状及防治方法见下表。

图 2-69　番茄卷叶病（贵州大学蔬菜研究院 供图）

图 2-70　番茄裂果病（贵州大学蔬菜研究院 供图）

图 2-71　番茄晚疫病、青枯病（贵州大学蔬菜研究院 供图）

图 2-72　番茄早疫病（贵州大学蔬菜研究院 供图）

图 2-73　番茄病毒病（贵州大学蔬菜研究院 供图）

表 2-29 番茄主要病害、发病症状及防治方法

病害名称	发生原因	发病症状	防治方法
番茄卷叶病	整枝或摘心过重；土壤中缺锌、锰等微量元素；土壤缺水严重；氮肥（硝态氮）使用过量	在采果前后，叶片稍卷，或整株叶片卷曲成筒状、变脆；干旱时叶片发生卷曲	生理性卷叶：应选地势高燥，排水良好的地块，整枝打顶不宜太重，合理施肥 茶黄螨危害：定期喷洒2000倍螺螨酯预防，连续喷洒2~3次，每10~15天喷洒1次
番茄裂果病	花期遭遇低温，导致生育迟缓，着花节位点低；易裂果品种；果实发育后期遭遇高温、强光、干旱等自然灾害；植物生长调节剂使用不当	放射状裂果：以果蒂为中心向果肩延伸呈放射状裂纹 环状裂果：以果蒂为中心呈环状浅裂 条纹裂果：在顶花部呈不规则条状裂纹	通风遮阴，将温度控制在合适范围；进行科学水肥管理；合理使用植物生长调节剂
番茄晚疫病	在番茄整个生育期均可发生，能够侵染植物的茎、叶、果。高温低湿条件下容易发生	被感染部位从褪绿水浸状斑点逐渐扩大致全叶形成褐色的条斑，到最后被感染叶片边缘长出白霉	选用抗病品种；轮作换茬；加强田间管理；合理密植；可选用5%氨基寡糖素水剂，100克/升氰霜唑悬浮剂或50%嘧菌酯水分散粒剂等药剂在病害发生前或发病初期喷雾防治，连续2~3次。在开花结果期叶面喷雾1次进行果实期病害发生预防
番茄青枯病	地块常年连作且地势低洼，排水不良	发病时植株顶端叶片萎蔫下垂，直至叶片凋萎，整个植株枯萎死掉	清洁田园；加强田间管理；实现轮作；用50亿孢子/克多粘类芽孢杆菌可湿性粉剂、3%中生菌素可湿性粉剂或10%中生·寡糖素可湿性粉剂等药剂在病害发生前或发病初期灌根或茎基部喷雾或穴施，连续1~3次

病害名称	发生原因	发病症状	防治方法
番茄早疫病	低温高湿，栽培地重茬，地势低洼，排灌不良，种植密度小，土壤中积累菌量多	感染部位呈现圆形或不规则形的轮纹斑，严重时病斑上出现黑霉、龟裂等症状	选用抗病品种；清洁田园；加强栽培管理；用50%二氯异氰尿酸钠可溶性粉剂，70%代森锰锌可湿性粉剂等药剂在病害发生前或发病初期喷雾防治，连续2~3次
番茄病毒病	高温、干旱等自然灾害，植株长势弱，土壤板结，土壤缺素	感染病毒病后，叶片会出现不同程度的蜷缩、变黄、变脆等症状	选用抗病且植株长势旺盛的品种，用10%的磷酸三钠溶液浸种20~30分钟，然后清水冲洗干净，催芽播种，加强田间管理，物理防控传播媒介

（二）番茄的主要虫害

番茄的主要虫害有小地老虎、蚜虫、棉铃虫、白粉虱等，其危害特征及防治方法见下表。

图2–74　番茄小地老虎（贵州大学蔬菜研究院 供图）

表 2-30 番茄主要虫害、危害特征及防治方法

虫害名称	发生时期	危害特征	防治方法
小地老虎	在初春之际，3月上旬小地老虎的成虫开始出现，一般在3月中下旬和4月上中旬的时候会出现两个发蛾盛期，该时期小地老虎的数量急剧上升	1 ~ 2龄幼虫昼夜均可群集于幼苗顶心嫩叶处取食；3龄虫夜晚出土，从地面将幼苗植株咬断拖入土穴，或咬食未出土的种子	对不同龄期的幼虫，采用不同的施药方法。幼虫3龄前用喷雾、喷粉或撒毒土进行防治；3龄后，田间出现断苗，可用毒饵或毒草诱杀，可用50%辛硫磷乳油500毫升，加水2.5 ~ 5升，喷在50千克碾碎炒香的棉籽饼、豆饼或麦麸上，于傍晚在受害作物田间每隔一定距离撒一小堆，或在作物根际附近围施，每公顷用75千克
蚜虫	蚜虫在气温较低的早春和晚秋，完成1个世代不需要很长的时间，大概需要10天；当处在夏季温暖的条件下，蚜虫完成1个世代只需4~5天	蚜虫主要是以成虫和若虫在番茄植株的叶片背面和嫩梢、嫩茎的部位吸食植株的汁液，导致叶片卷缩、生长缓慢或者停滞，严重时全株萎蔫以至死亡	及时清理田间的残枝落叶，减少越冬虫卵，发现大量蚜虫时，及时喷施农药40%吡虫啉水溶剂2000倍液
棉铃虫	棉铃虫在贵州每年发生4代。第一代是在6月中下旬，第二代出现的时间比较近，在7月中下旬，第三代则是在8月中下旬至9月上旬，甚至到10月上旬都有棉铃虫的出现	棉铃虫初孵幼虫主要是取食叶片，或者导致植株呈现网状枯萎，到最后造成干叶。植株的受害幼蕾苞叶这个时候就会张开、脱落	种植抗病虫品种；合理布局作物；人工驱虫，采用48%多杀菌素悬浮剂、600 × 108PIB / g 棉铃虫核型多角体病毒水分散粒剂、16000IU / mgBT 可湿性粉剂、0.3%印楝素乳油；灯光诱杀

续表

虫害名称	发生时期	危害特征	防治方法
白粉虱	白粉虱主要是以卵的形式在露地越冬。白粉虱繁殖的最适宜温度为18~21℃。当春季来临的时候，白粉虱随秧苗移植或者随温室的通风移入露地中	白粉虱的成虫和若虫主要群居在叶片的背部吸食叶片的汁液，使叶片褪去绿色转变成黄色，白粉虱还可分泌大量的蜜露来污染叶片和果实，使其表面附着黏稠物质，让植株发生霉污病	轮作倒茬；育苗或定植时，清除田里的残株杂草，熏杀或喷杀残余成虫；人工释放草岭，一头草岭一生能捕食白粉虱幼虫170多头；在白粉虱发病初期，选用24%螺虫乙酯悬浮剂8 ~ 10毫升/亩或12.5%啶虫脒微乳剂15 ~ 20克/亩，兑水30千克均匀喷雾

注：防控方法参考《贵州省2020年特色作物病虫害绿色防控与统防统治融合示范项目实施方案》。

七、番茄采收

鲜食番茄或者是贮藏加工番茄，一般都是要等到番茄果实成熟的时候采收。在采摘番茄果实的时候要确保番茄果实没有病态，色泽是鲜艳的，品相纯正，同一批次的番茄果实大小应该均匀；不可以在露水多的时候采摘番茄果实；在采摘番茄果实的时候要保持双手是洁净的，同时也需要保证采摘的工具清洁、卫生、没有污染等；采摘的时候要保证果蒂是整齐的；对番茄进行包装时果实一定要摆放整齐之后再装箱，装的番茄每袋重量要保持一致；果实的着色要保持均匀，果实的表面保持光泽亮丽，不得有任何污点或者是连带萼片，而且果实的蒂不能够超过底面。在采收前 7 ～ 15 天应该停止一切施肥及一切化学农药的使用，以免造成药品的残留，导致番茄果实的商品性下降。在生长期的时候施过化学农药的番茄，采摘的前 1 ～ 2 天必须对番茄果实上的农药残留生物进行检测，合格了以后才可以采摘，之后才可以进行分级包装和上市。

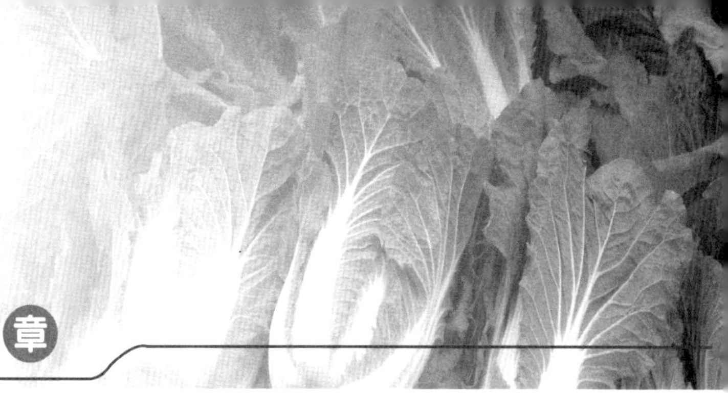

第三章 产业链指南

一、蔬菜加工

（一）发酵辣椒酸汤加工技术

1. 发酵辣椒酸汤

鲜红辣椒是发酵辣椒酸汤的重要原料，去除辣椒蒂以后可以加入适量的番茄、米酒、食盐等辅助原料，然后经过磨浆、发酵等制作工序制成酸辣可口的发酵辣椒制品。

2. 调质提香

将辣椒经后熟作用之后发酵的酸汤在高温下进行熬煮，在辣椒酸汤的熬煮过程中可以按照个人口味添加适当的香料进行调质，并熬煮 20 ~ 30 分钟至沸腾，从而达到提香的效果。

3. 原料要求

辣椒：一般选用贵州的鲜红辣椒，要求皮薄、籽少、色红、香味浓郁、完整、无虫害、无霉变、无腐烂、无变质、无其他外来杂质。

番茄：一般选用当地小番茄品种，要求色红、香味浓郁、完整、无虫害、无霉变、无腐烂、无变质，无其他外来杂质。

生姜：对于姜的要求偏高，要求是新鲜的、没有腐烂部位、没有霉变、生姜味浓郁的鲜嫩姜。

米酒：符合 DB 52/535—2007 规定。

食用盐：符合 GB 5461—2016 的规定。

食品添加剂质量：符合 GB 2760—2014 中相关规定。

天然香料：符合 GB/T 15691—2008 的规定。

4. 加工条件要求

加工用水：符合 GB 5749—2006 的规定。

生产环境：食品的加工应按照 GB/T 14881—2013 的要求来执行，包括加工企业的厂区环境、厂房和车间、设施与设备、卫生条件等均须符合国家标准。

生产容器：可选用陶瓷发酵坛、不锈钢发酵罐及发酵大池等作为发酵容器，发酵大池内壁材料主要是环氧玻璃钢。大池使用前需要用生石灰水或食品容器消毒剂进行消毒，从而确保容器干净和卫生。

5. 工艺流程

选料→清洗→破碎→拌料→发酵→精磨→后熟→调质提香→杀菌→装罐密封→冷却→成品

6. 加工技术

清洗：用清水或泉水清洗原料以除去泥土杂质，清洗过程中去蒂。

破碎：将清洗干净的辣椒、番茄按一定比例混合后置于破碎机中破碎成一定大小的细块。

拌料：往破碎的辣椒与番茄里加入适量的生姜、米酒、食盐等辅料，充分拌匀。

发酵：将拌好的原料装入发酵容器内，装量为容器容积的80% ~ 90%，密封，在室温下自然发酵。

精磨、后熟：辣椒发酵酸汤发酵好了之后置于胶体磨中或使用打浆机精磨成浆状，使其组织更细腻，然后置于发酵容器中后熟1个月左右，使辣椒发酵酸汤的风味更好。

调质提香：辣椒发酵酸汤完成后熟作用之后需要进行杀菌，杀菌以后后熟作用才算真正的完成。杀菌完毕后，需要进行调质提香来提升产品的风味，并在调质提香过程中完成杀菌的工序。

装罐、密封：装罐和密封需要趁热，并且要求密封时温度不低于80℃。

冷却：密封后产品应立即冷却，最好采用分段冷却，先从80℃冷却到60℃，再从60℃冷却到30℃。

成品：成品质量应符合DB 52/T 457—2004的规定。

注：加工技术参考贵州省地方标准DB 52/T 983—2015《发酵辣椒酸汤加工技术规程》。

（二）鲜切蔬菜产品加工规范

1. 鲜切蔬菜产品加工

作为原料的新鲜蔬菜需要在清洁干净的环境经预处理、清洗、切分、消毒、去除表面的水分、包装等，可以使用一些物理、化学的手段来改变其物理形状但仍能够保持其新鲜状态，再经冷藏运输而进入冷柜销售，成为一种即食蔬菜产品。

2. 预处理

采收后需要对蔬菜进行预冷、分选、去皮等处理。

3. 人员卫生要求

操作人员应严格按照要求来操作，机构或者公司需要设置合理的洗手和消毒设施，当操作人员在接触非产品表面后需要及时对手部进行清洗消毒并烘干，以免污染别的产品；每次轮班都需要进行消毒液的更换，从而保证洗手装置和靴消毒池中消毒浓度的有效性。同时应该在所有生产区域和终产品储藏区域的入口处和出口处设置鞋、靴消毒池或消毒垫，人员通过靴消毒池进入生产区，减少菌物的带入。所有手推车、升降机和其他设备进入加工区域须经过消毒。清洁排水沟的人员在没有更换外衣、洗手前不要接触产品。

4. 加工车间要求

车间结构：避免开门时空气对流，带入污染菌物；加工区域门应朝向外部开启，并减少加工区域出入口；微生物实验室门应朝里开启，这样也可以减少开门时随气流进入的菌物量。

车间布局：按照产品的加工进程顺序进行加工车间的生产布局，使其合理利用最大化，使产品在加工环节从不清洁的环节向清洁环节过渡，同时也减少了加工流程中出现交叉和倒流的可能性。蔬菜原料的清洗设备与鲜切加工设备间应布局在不同车间，分开储藏原料和产品，同时避免使用地面水槽运送产品。在蔬菜鲜切加工区域设计地下排水沟和污水收集区域，防止产品和设备污染。

车间基础设施：合理建造围墙、天花板、门窗、地板和高架装置并保持其完好，照明配备防护装置，尽量避免使用木制材料结构。采取有效措施防止有害物从打开的窗户、通风口、风扇以及排水管道等装置进入，同时限制原料接收区域的运输车、周转箱、维修工具、清洁器具和人员进入加工和包装区域。

供水与排水设施：应该采用不易生锈的管材来建造净化车间内生产用水的供水管，供水方向也应该由清洁区向非清洁区流动；使用接收板对冷凝水进行收集并定期清理，从而减少菌物的附着；当不使用时关闭所有外部的门和出口，并保证其关闭时有好的密封性。

通风与采光：空气流动方向与生产方向相反，可以采用空气过滤系统来改变空气的质量，使得清洁空气从最干净地区正压流动，车间人员、空气流动方向与产品生产流向相反，可有效避免交叉污染。

5. 设备设施及器具要求和维护

设施设备：谨慎使用有空隙结构的设备和器具，如通道框架、桌子腿、传送辊和架子，以防积水和产品碎片落入而不易清理，滋生微生物。

器具使用：保持刀具的锋利，且在使用前消毒；损坏的刀具及时更换；检查刀具和传送带在加工操作中是否损坏、是否有食物残留，并及时清理。

公共设施：在无暴露鲜切产品或者产品接触表面的区域设置人行道，并在道旁建造栅栏。

设备维护：安排专门人员执行设备的校准与维护。卸下的刀片需要进行分开清洗，并且保持设备零件的定期维护和保养。按照厂商说明书正确地使用金属探测器，每天进行仪器的核查。定期对仪器、仪表和计量器进行校准，检查空气过滤的装置和压缩的空气是否有问题存在，需要提高监测的频率。

6. 卫生要求

卫生程序：建立卫生标准操作规范，应符合 GB 14881—2013 要求。

时间表：时间表需要具备职责员工的名字，设备该怎么样清洗、怎么样拆卸，清洁的频率，清洗的程序，时间和温度的规定，清洁水流的压力和检查，并对职责员工名字进行核查。

设施卫生：清洗冷凝器、滴盘和冷库软管以及排水沟，使用专门用具，以减少交叉污染；在加工过程中不要清洁排水沟，保持冷藏室干燥。

加工用水：加工用水应符合 GB 14930.1—2015 和 GB 14930.2—2012 要求。

地面和设备清洗及消毒步骤：清除地面和设备污物，需要时常干燥加工设备。用合适质量的水预漂洗设备，有效地刷洗设备。

清理地面残留：地面和排水沟需要使用低压的软管或者是专门的刷子进行清洗，同时需要去除地面上多余的水。建设按加工方向对设备和地面进行消毒，然后按照从上到下的顺序进行清洗和消毒，但是需要注意，一些设备在清洗和消毒之前需要进行拆分，清洗和消毒好了之后再组装。当对卫生设备进行拆卸时，应放置在卫生垫上，不可以直接放置在地上。在对仪器进行维护、保养后和加工之前，需要清洁、消毒设备设施和产品接触的表面，以减少污染。清洗和消毒完成后，目测清洁区域是否存在污染的残留，并进行微生物的检测，及时清理产品溢出物和残留物质。

清洁消毒设备：清洁消毒时应该使用符合 GB 5749—2006 的水进行清洗，并使用合适的水温和添加相应的化学物质来进行清洗和消毒。在使用有毒化学品进行清理操作的时候应该遵循产品说明书和国家的相关规程规范，并在显著的位置标记有毒的化学品。适时对设备和清洁消毒的有效性进行监控。

车间环境：车间的环境应该保持清洁，理应移除车间内废弃的产品、闲置很久的或陈旧无人用的设备，同时应该保持车间周围场所的环境是良好的，干净没有污染的。有需要的话，可以在产品的加工车间里使用杀虫剂、捕鼠器、诱饵和化学试剂等进行化学防治，使用时应该小心仔细，不应该污染产品、原料或包装。

卫生设施和控制：在接近加工区域的地方应有足够的卫生设施和卫生间设置，但不应太近而成为污染来源。卫生间不应直接朝向加工区域，安装自动关闭设施或者只能单开的通道。采用热水、冷水及清洗液有效洗手，清洗水槽、鲜切加工使用物品、烘干设备和垃圾箱。标明洗手说明，标识设置在车间人员附近、卫生间里、所有员工处理产品、包装材料或产品接触表面的地方。

空气质量：对进入车间的空气进行过滤。使用空气流屏障，对外界的空气进行一定的阻隔，设立隔离接触外界环境的区域。

环境监测：定期对清洗消毒后的产品接触表面、非产品接触表面、安装前的设备进行采样和检查。环境监测使用生物体指示法进行环境微生物检测。可以建立一个或者几个目标微生物的检测结果的处理方案；记录和纠正相关措施，重复所有结果都是阳性的微生物的相关实验。

7. 加工与运输条件控制

接收和检查：蔬菜采收后尽快加工、包装或者冷却。检查运输原料和产品的车辆是否清洁。根据预先已经确定好的取样的拟定计划，评测已经收到的原料的损伤程度、污浊程度和害虫的危害程度，拒收不满足相关规格的全部产品。去除所有具有损伤的产品、已经发霉的产品、已经出现腐烂的产品和具有外来物质的产品。制定记录本，记录和保留所有已经接收了的产品信息，比如供应商的身份、收获的时间、产地的生态信息，并将这些信息与终产品的操作编号系统建立一个关联。

加工预处理：在加工和处理之前需要再次检查原料。加工的损伤品、已经腐烂的产品或者是有异物以及被动物的粪便、燃料、机油和食用油污染的产品需要除去。清除所有已经接收的产品的污垢。加工之前需要清洗接收的原料，从而达到全面减少完好无损的果蔬的表面微生物造成的污染的可能性。可以使用磁铁或者是金属探测仪器检查金属碎片的存在，如果发现了问题就应该去除不合格的产品。

加工用水相关消毒剂：水循环使用时水流的方向与产品运送的方向是相反的，加工用水相关的消毒剂全部应该符合 GB 2760—2014 要求。使用合适的清洗方法，保证清洗处理的有效。

预冷和冷却储藏：对冷凝物和解冻的水进行预防，避免水从常用的冷却系统中蒸发出来滴到新鲜的原料和鲜切产品上。应该合理设计和定期维护冷却系统，避免造成污染，损害新鲜的原料和产品。

运输和储藏：产品在储藏、运输和销售中保持终产品在冷藏温度4℃，理应配备冷藏运输车辆和含有准确温度测量装置的储藏间。工作人员在考虑运输车辆负载的情况下，依旧需要确保冷藏运输车的冷却装置在均匀制冷的工作状态。

8. 文件与档案

管理记录包括：加工是怎么操作的、水的质量是好是坏、供应时间段、水如何处理和监测、人员怎样培训、培训项目和内容、温度如何控制、仪器仪表的校准、消毒记录、产品加工的批次、纠偏行为、有害物怎样控制、分销记录等。

追溯与召回：应该建立追溯程序和召回制度，生产者还应建立一个完整的突发事件应急方案，以备不时之需。

二、果蔬冷链物流操作规程

（一）冷链物流

冷冻工艺作为冷链物流的基础、制冷技术作为冷链物流的手段，使冷链物流从生产、流通、销售到消费的各个环节始终处于规定好的温度环境条件下，以保证冷链物品质量不会下降，从而减少冷链物品消耗。

（二）货品包装

内包装：产品的内包装和货品的标签都应该符合GB 7718—

2011 的规定；

外包装：产品采取的外包装的尺寸都应该符合 GB/T 2934—2007 托盘标准（1 米 ×1.2 米）的模数要求。

（三）储存

储藏库：库房应该按照 GB/T 31078—2014 及 DB 12/T 557—2015 规程的相关规定来建设。

入库：根据新鲜蔬菜种类的不同进行分类，可采用的分类方法有冷水预冷、库里强制通风预冷、真空预冷、压差预冷等，达到对蔬菜实现保鲜的目的。

储存码放：在产品的存放托盘间应该具有一定的空隙，货品与货品之间不能紧紧地靠着墙壁、屋顶或者是与地面直接接触，并且产品的贮存码放都应该符合 GB/T 30134—2013 规程的相关规定。

储存记录：产品的各项动态都需要记载，而且各项记录的保存期限需要参照 DB 12/T 565—2015 规程的相关要求来完成。

出库：果蔬在出库过程中需要进行装卸及运输配送的时候，货品的温度都应该按照 DB 12/T 560—2015 规程的相关规定来严格执行。

（四）运输

运输车辆选取：运输车辆的选择很重要，对于运输车辆的选取应该符合 DB 12/T 558—2015 的相关规定。

车辆预冷：车辆在运输产品之前，对于车厢需要进行预冷处理，这样是为了使车厢里面的温度达到货品运输贮存所需要的温度，具体按照 DB 12/T 560—2015 相关的规定来完成。

（五）装载

厢内摆置：车厢货品应按照“先卸后上”与“重下轻上”的原则码放。

运输过程：产品在运输过程中应至少每 10 分钟查看和记录监测情况，温度在超出允许的波动范围时应有警示，按货主与承运方协议规定及时处理，并符合 DB 12/T 564—2015 中 7.4 的规定。

运输记录：货品在运输的过程中应该建立一个温度控制的方法与基准，并且及时、准确地对产品进行真实地记录。

卸货：卸货作业区的任何处理作业应迅速，应于 15℃以下场所进行，并保持货品温度符合 DB 12/T 560—2015 的规定。

交货验收：交货时按照合约在规定的时间、地点交货，并对数量和温度进行核对检查。货品温度的检测应依据 DB 12/T 560—2015 的规定执行，或者由货主与承运方或承运方与验收人员共同决定。

（六）展售

展售容器：展售的容器配备应该符合展售的温度和湿度要求，展售的容器温度和湿度要求应该符合 DB 12/T 560—2015 规程的规定。

展售条件：温度应符合 DB 12/T 560—2015 的规定。

展售过程要求：应当保持展销环境的干净清洁，这样可以一定程度地降低污染，防止果蔬之间的交叉污染现象，避免果蔬变形。果蔬上架的时候理应按照货品“先进先出”和货品保质期“先到先出”的原则合理安排产品所在的货位。

三、番茄流通规范

（一）商品质量基本要求

1. 需要具有品种特定的、固有的颜色光泽和形状；2. 果实完整、洁净、无裂果，没有腐烂病虫害、冷害和异味；3. 污染物限量、农药最大残留限量应符合 GB 2762—2017、GB 2763—2021 的有关规定。

（二）包装

包装材料：用于包装果蔬产品的材料理论上来说应该是没有毒、清洁干净、干燥、没有污染、没有异味，而且还具有一定的通透性、防潮性、抗压性和环保性的，包装的材料最好可回收利用或者可被降解。

包装容器：对于包装产品用的容器宜选用瓦楞纸箱、塑料周转箱等。包装用的瓦楞纸箱的材质理论上应符合 GB/T 6543—2008 规程的有关规定；塑料周转箱应符合 GB/T 5737—1995 规程的有关规定。

包装箱规格：包装产品所用的包装箱的规格理应便于番茄的摆放、装卸和运输，并且与托盘、运输等物流设施的工具也应该是相配套的。

包装方法：产品的标识需要包括蔬菜的名称、蔬菜的等级、蔬菜的产地、蔬菜的净重量、蔬菜的商标、蔬菜企业的名称、企业的地址和企业的联系电话等。

（三）标识

标识：应在箱体上加贴标识，标识上应该字迹清晰、持久不易掉落，并且书写的文字需要易于辨认和识读。

标识内容：应包括蔬菜名称、等级、产地、净重、商标、企业名称、地址和联系电话等。

（四）流通过程要求

产地采购：采购方宜与基地对接，实行订单采购。

运输：运输工具应清洁、卫生、没有污染、没有杂物，同时需要具有防晒、防雨、通风和控温的功能，可以采用保温车、冷藏车等运输工具。

批发：批发商应该建立一个或者几个购销台账，如实记录番茄的提供者、蔬菜的名称、产地、等级、进货的时间、交易的时间、价格、数量等内容，需要如实记录交易双方的姓名及联系方式等一切细节，以供后期追溯或者寻找。

零售：零售场所需要配置番茄的陈列货架、电子条码秤、冷藏设施等一切与销售有关的设备。

参考文献

[1] 秦新惠，李海波，李鹏，张国森．无土栽培技术 [M]. 重庆：重庆大学出版社，2015.

[2] 谢华，杨冬艳，裴红霞．宁夏瓜菜“十三五”全产业链项目研发关键技术 [M]. 银川：阳光出版社，2020.

[3] 朱红利．生姜茎基腐病生防放线菌的筛选与应用 [D]. 南京：南京农业大学，2020.

[4] 徐悦．pH 与盐胁迫对生姜产量品质及相关生理代谢的影响 [D]. 泰安：山东农业大学，2020.

[5] 徐瑞衡，张莉，王楠，刘彦文，许俊喜，周蕾，印荔．茄子设施基质再生栽培技术 [J]. 长江蔬菜，2022（03）：38–39.

[6] 王青青，伍朝友，吴洪凯，曾庆鸿，王洪亮，陈应平，袁华杨，陈亚丽，王天文，邓英．贵州韭黄高产高效栽培技术 [J]. 农技服务，2022，39（02）：45–47.

[7] 王梦蕊，刘淑梅，侯丽霞，王施慧，吕宏君，苏晓梅．番茄颈腐根腐病抗性鉴定技术的建立及抗性种质资源筛选 [J]. 中国农业科学，2022，55（04）：707–718.

[8] 魏佩瑶，李英梅，刘晨，任平．番茄玉米间套作对烟粉虱的屏障效应及控制番茄黄化曲叶病毒病的效果 [J]. 应用生态学报，2022，33（04）：1125–1130.

[9] 赵银平，赵增寿，孙利萍，高敏丽，史亮．叶面肥对设施番茄产量、品质及经济效益的影响 [J]. 中国瓜菜，2022，35（01）：60–64.

[10] 王先琳，王翠叶，陈利丹，苏运诗，周成良，谢月华．我国薹

用不结球白菜主栽品种现状及育种趋势 [J]. 蔬菜，2022（03）：52–55.
[11] 盛鹏，陈智平，丁磊，杨加伟 . 白菜种植技术与病虫害防治措施研究 [J]. 种子科技，2022，40（03）：76–78.
[12] 杨景华，耿川雄，陈拾华，周敏，刘发伦，李春慧，张忠武，史君怡，周绍松，段宗颜，鲁耀 . 不同绿色增效技术对白菜生长生理和养分吸收的影响 [J]. 安徽农业科学，2022，50（03）：155–157.
[13] 王辉 . 白菜种植技术及病虫害防治策略 [J]. 世界热带农业信息，2022（02）：80–81.
[14] 赵文 . 早春茬大棚菜豆丰产栽培技术分析 [J]. 智慧农业导刊，2022，2（2）：42–44.
[15] 鲁铭颖，黄俊轩，刘艳军，韩启厚，于海龙，许莹楠，高逸卓，古瑜 . 提高荚用菜豆人工杂交授粉率的关键技术 [J]. 中国蔬菜，2022（3）：126–128.
[16] 司升云，望勇，杨帆，王攀，骆海波，周利琳 . 豆类蔬菜豆蚜的鉴别与防治 [J]. 长江蔬菜，2022（05）：43–45.
[17] 贲海燕，曲红云，霍建飞，姚玉荣，高苇，郝永娟，王万立，张雪岩，胡建坤，黄瑞荣 . 茄子黄萎病苗期抗性鉴定技术的优化及抗源筛选 [J]. 江西农业大学学报，2022，44（01）：62–73.
[18] 高照海，亓玉生，毕京荣 . 生姜茎基腐病的发生与绿色安全防治技术 [J]. 蔬菜，2022(04)：47–50.
[19] 张磊 . 露地生姜全程高效栽培技术 [J]. 农业知识，2022（03）：21–22.
[20] 司建玲 . 生姜的特征特性及高产栽培技术 [J]. 现代农业科技，2022（03）：77–79.
[21] 程益婧，王锐，柳婧，程益嵘 . 塑料大棚春茬菜豆绿色高效栽

培技术 [J]. 西北园艺：综合，2022（01）：8–9.
[22] 赵生香 . 白粉虱对豆类蔬菜寄主和粘虫板颜色的趋性研究 [J]. 青海农林科技，2022（01）：88–91.
[23] 尹振功 , 王强 , 孟宪欣 , 郭怡璠 , 魏淑红 , 来永才 . 普通菜豆晕疫病研究进展 [J]. 科技导报，2021， 39（06）： 102–108.
[24] 郭伟 . 冬季温室白菜常见病虫害防治策略 [J]. 河北农业，2021（11）：58–59.
[25] 童生明，孙宝霞，崔春梅，等 . 海安地区韭黄夏季设施栽培技术 [J]. 现代农业科技，2021（7）：65–66.
[26] 徐曼 , 邓正春 , 孙信成 , 张忠武 , 赵赛 , 夏梨芳 . 不同育苗方式对白菜薹幼苗质量的影响 [J]. 湖南农业科学，2021（10）：11–15.
[27] 韩明丽 , 周坛根 . 畜禽粪便与菌渣有机肥在白菜和黄瓜上的施用效果 [J]. 浙江农业科学，2021，62（12）：2442–2444.
[28] 张爱红 , 杨菲 , 董世强 , 李希望 , 苗洪芹 , 邸垫平 , 董灵迪 . 防治露地白菜鳞翅目害虫药剂筛选及应用技术 [J] . 农药，2021，60（03）：223–225+234.
[29] 缪其松 , 王东升 , 魏猷刚 , 黄少华 , 张燕燕 . 间作和轮作对设施连作茄子生长及黄萎病发病率的影响 [J]. 中国瓜菜，2021，34（12）：33–40.
[30] 李艳军 , 于娅 , 王飞 , 宫国辉 , 王娜 . 日光温室越冬茄子病虫害的发生与防治 [J]. 乡村科技，2021，12（31）：59–61.
[31] 李涛 , 孙保娟 , 李植良 , 黎振兴 , 罗少波 , 徐小万 , 衡周 , 宫超 , 游倩 . 茄子对青枯病的抗性机制研究现状与展望 [J]. 广东农业科学，2021，48（09）：40–50.
[32] 胡允祝 , 王汉荣 . 茄子褐纹病发生症状及其防控技术 [J]. 浙江农业科学，2021，62（09）：1794–1795.
[33] 廖小亮 . 茄子病虫害无公害综合防治技术 [J]. 农业技术与装

备，2021（08）：156–157.
［34］周巧钰，陈加多，林晓倩 .4 种药剂及茶籽饼防治高山茄子蓟马的田间药效试验 [J]. 上海蔬菜，2021（04）：52–53.
［35］陶秀娟，闫丽，崔轶男，于海洋，卞海涛，马天 . 白菜主要病虫害识别及药剂防治 [J]. 长江蔬菜，2021（01）：56–60.
［36］户中健，张新建 . 菜豆白粉病综合防治技术要点 [J]. 农家科技，2021（07）：71.
［37］黄艳琴，张军霞 . 生姜病虫害绿色防控技术浅析 [J]. 中国植保导刊，2021，41（12）：40–41.
［38］米国全，唐艳领，牛莉莉，马凯，杨凡，史宣杰，赵秀山，王晋华 . 危害我国番茄的重要病毒病及防控措施 [J]. 中国瓜菜，2021，34（10）：8–14.
［39］梅文宇，李涛，孙保娟，宫超，衡周，游倩，李植良，黎振兴，孙光闻 . 嫁接番茄砧穗互作机理研究、应用现状与展望 [J]. 广东农业科学，2021，48（08）：47–57.
［40］马善江，刘羽，顾凌 . 番茄种植技术及病虫害防治要点探讨 [J]. 新农业，2021（17）：48.
［41］龙星玥，袁淑杰，白爱娟，邹双泽，于飞，彭映杰，谷晓平 . 贵州省淡季种植番茄灌溉量时空分布特征 [J]. 气象科技进展，2021，11（04）：156–164.
［42］曹加锋 . 浅析番茄栽培技术 [J]. 种子科技，2021，39（14）：63–64.
［43］杨进，王富贵，高世华，马慧敏 . 番茄潜叶蛾识别与综合防控技术 [J]. 农村实用技术，2021（03）：88–89.
［44］包佳媛，张杨涛，郑果，邓钦宇，刘奕清，姜玉松 . 生姜常见病虫害及其防治策略 [J]. 南方农业，2021，15（25）：52–57.
［45］王奕斐，王进成，于丽萍，唐晓玲，张明亮 . 生姜炭疽病和叶

枯病的识别及防治 [J]. 蔬菜，2021（06）：50–51.

[46] 彭发田 . 生姜病虫害防治技术 [J]. 农业知识，2021（11）：25–27.

[47] 王奕斐 , 王进成 , 于丽萍 , 常建伟 , 张明亮 , 郭秋香 . 生姜黄苗形成的原因及防治措施 [J]. 上海蔬菜，2021（02）：46–48.

[48] 毛土有 , 吴新明 . 高山生姜间作豇豆绿色高效栽培技术 [J]. 长江蔬菜，2021（05）：5–7.

[49] 杨士杰 , 黄六仟 . 戊唑醇对向日葵菌核病菌和佛手瓜绵腐病菌室内抑菌情况的研究 [J]. 农业灾害研究 , 2021，11（08）：5–6+8.

[50] 刘炼 , 罗庆 , 谭国飞 , 黎瑞君 , 孙长青 , 陈之林 , 文林宏 , 孟平红 , 李裕荣 . 贵州春季佛手瓜管护技术 [J]. 农技服务，2021，38（07）：71–72.

[51] 徐斌 . 佛手瓜丰产栽培实用新技术 [J]. 现代农村科技，2021（02）：31–32.

[52] 瞿云明 , 郑仕华 , 马瑞芳 , 廖连美 , 饶聪 , 尤金伟 , 尤正星 . 菜豆化肥农药减施栽培技术规程 [J]. 中国瓜菜，2021，34（02）：92–94.

[53] 赵阳 , 王艳 , 林雪丹 , 罗阿东 , 陈霄 , 李洁 , 焦彦朝 . 贵州芸豆虫害菜豆象的调查与鉴定 [J]. 农技服务，2021，38（05）：60–62.

[54] 陈菊 . 山药栽培中常见病害及防治技术 [J]. 新农业，2021（07）：22.

[55] 胡允祝 , 王汉荣 . 茄子褐纹病发生症状及其防控技术 [J]. 浙江农业科学，2021，62（09）：1794–1795.

[56] 毕威 . 露地茄子高产栽培技术 [J]. 新农业，2021（19）：45–46.

[57] 陈海平 , 周洪 , 赵永彬 . 嫁接对茄子长季节栽培的影响 [J]. 耕作与栽培，2021，41（04）：77–78.
[58] 张金焕 . 早春茄子地膜覆盖栽培技术 [J]. 福建热作科技，2021，46（02）：26–28.
[59] 胡晓林 . 茄子高产栽培实用技术 [J]. 现代农村科技，2021（06）：36.
[60] 金博诣 . 高山茄子高产栽培技术要点 [J]. 南方农业，2021，15（17）：47–48.
[61] 李英雪 . 白萝卜—茄子—西葫芦栽培技术 [J]. 现代农村科技，2021（05）：27.
[62] 王胜蕊 , 赖德强 , 刘英敏 , 魏国强 , 苗锋 . 露地茄子剪枝再生栽培技术 [J]. 蔬菜，2021（04）：35–37.
[63] 孙瑞芳 , 程玉君 , 陈秀洁 , 刘志德 . 豇豆高产栽培生产技术 [J]. 种子科技，2021，39（18）：60–61.
[64] 黄巍 , 张飞荣 , 金光君 , 王雄英 , 饶聪 , 瞿云明 . 山地豆类蔬菜化肥农药减施增效技术 [J]. 蔬菜，2021（06）：31–34.
[65] 罗兰 , 陈德军 , 陈家秀 . 贵阳市小青瓜—夏秋菜豆—芹菜周年高效种植模式技术要点 [J]. 农技服务 , 2021, 38（11）：49–51.
[66] 赵国庆 , 高波 . 棚室蔬菜白 (烟) 粉虱绿色防控技术 [J]. 农业知识，2021（17）：18–20.
[67] 高会军 . 茄子紫花病的症状及防治措施 [J]. 现代农村科技，2021（12）：41–42.
[68] 徐桂平 . 白菜种植技术与病虫害防治措施分析 [J]. 南方农机，2020，51（24）：64+140.
[69] 王秋萍 , 杨邦祝 , 苏跃 , 雷阳 , 艾强 , 吴小毛 . 白菜套种辣椒对白菜主要病虫害的防治效果 [J]. 农技服务， 2020，37（12）：36–37.

[70] 唐红霞，温广月，孙强，李玉博，董茂锋，王伟民．杀虫环和啶虫脒在普通白菜中的残留及消解动态 [J]. 上海农业学报，2020，36（03）：96–101.

[71] 汉吉芳．秋白菜栽培技术与病虫害防治研究 [J]. 农业开发与装备，2020（03）：178+218.

[72] 杨露．菜豆标准化栽培技术 [J]. 中文科技期刊数据库(全文版）农业科学，2020（01）：21–22.

[73] 陈晓刚，许强．菜豆生产技术规程 [J]. 新农民，2020（07）：52.

[74] 李喜明．菜豆落花落果原因及防治 [J]. 现代农村科技，2020（01）:35–36.

[75] 刘严洁．韭黄无公害生产栽培技术探讨 [J]. 农家参谋，2020（05）：61.

[76] 辛君．菜豆病虫害防治措施 [J]. 吉林蔬菜，2020（04）：50–51.

[77] 汪荣，刘超男．山药高产高效生产及栽培技术 [J]. 农村科学实验，2020（05）：117–118.

[78] 罗汉武．生姜主要病虫害及其防治技术分析 [J]. 农业技术与装备，2020（03）：143–144.

[79] 杨斌峰．佛手瓜育苗方法及丰产栽培技术探讨 [J]. 农家参谋，2020（05）：58.

[80] 李裕荣，文林宏，陈之林，陈小均，张昌容，黎瑞君，孙长青，林茂，孟繁博，黄道梅，张朝君．贵州佛手瓜无公害栽培技术 [J]. 农技服务，2020，37（02）：30–33+36.